LOCKRUF DES HIRTEN

Teresa von Ávila
erzählt ihr Leben

LOCKRUF DES HIRTEN

Teresa von Ávila
erzählt ihr Leben

Mit einem Nachwort von Fray Luis de León
Herausgegeben, übersetzt und eingeleitet
von Erika Lorenz

KÖSEL

Mit 25 Abbildungen:
Frontispiz. Teresa von Ávila – Porträt aus der Rubensschule; S. 27, 49, 67, 84, 90, 119, 139, 167, 206 – Erika Lorenz, *Teresa von Ávila. Eine Biographie mit Bildern*, Herder, Freiburg 1994; S. 15, 39, 59, 71, 76, 87, 98, 105, 108, 125, 179 – Thomas Alvarez und Fernando Domingo, *Inquieta y andáriega. La aventura de Teresa de Jesus*, Editorial Monte Carmelo, Burgos 1981; S. 24 und 114 – Rosmarie Pierer, Hamburg.

ISBN 3-466-20444-5
© 1999 by Kösel-Verlag GmbH & Co., München
Printed in Germany. Alle Rechte vorbehalten
Druck und Bindung: Kösel, Kempten
Umschlag: Elisabeth Petersen, München
Umschlagmotiv: Anbetung der Hirten (Ausschnitt)
von J.B. Cima da Conegliano, um 1460-1517/18
© Archiv für Kunst und Geschichte, Berlin

1 2 3 4 · 02 01 00 99

Gedruckt auf umweltfreundlich hergestelltem Werkdruckpapier (säurefrei und chlorfrei gebleicht)

INHALT

HINFÜHRUNG 7

ANRUF DES LEBENS 25
Kindheit und Jugend 25
Weg der Wandlung 41
Die erste Klostergründung 51
Gründungsauftrag 64
Gegen Tod und Teufel 74
Abenteuer 83
Zweifel und Überwindung 96

BERUFUNG ZUM GEBET 111
Gottes Garten 111
Gebet der Sammlung 112
Gebet der Ruhe 118
Gebet der beginnenden Einung 124
Gebet der Einung 127
Mystische Phänomene 138
Kontemplative Klöster 147
Das Vaterunser als Weg zur Versenkung 151

Gottes Gegenwart 159
Gebet und Werke 160

DER LOCKRUF DES HIRTEN 165

Der Herr und die Frauen 165
Die Seele, eine Burg 170
Wie kommt man hinein? 175
Der leise Ruf 184
Lichte Wolke 191
Die Größe der Liebe 198

NACHWORT 207

Fray Luis de León 207

ANMERKUNGEN 225

QUELLEN 238

HINFÜHRUNG

Dieses Buch ist mehr als eine Anthologie. Es verfolgt die Dynamik eines spannungsreichen Lebens, das geprägt wurde von der Annahme schicksalhafter Aufgaben, die aus der immer neuen Hinwendung zu Gottes Führung oft gegen den eigenen Widerstand erwuchsen. Dabei wurde Teresa von Ávila (1515-1582) nicht nur zur Reformerin ihres Ordens, sondern auch ihrer Epoche, deren Missstände sie auf jenen Gebieten bekämpfte, die innere Freiheit und menschliche Würde, besonders auch der Frau, in engen Grenzen hielten.

Sie selbst prägte für die Dynamik eines christlichen Lebens die Metapher vom Lockruf des Hirten, der in ihrem größten Werk, der *Inneren Burg*, von »Wohnung« zu »Wohnung« geleitet, vom ersten göttlichen Anruf, wie ihn der heilige Augustinus im Garten vernommen hatte, bis zur Vollendung der Unio mystica, die nicht Passivität, sondern höchste Steigerung der Lebensenergien bedeutet. Der Weg ist nicht schematisch vorgegeben, sondern entsteht durch das im modernen Sinne individuelle Gehen, das Richtung und Antrieb im Gebet findet, vor allem im wortfreien kontemplativen Beten, dessen Lehre aus der Erfahrung der Mystikerin die Mitte des vorliegenden Buches bildet.

So geläufig uns auch der göttliche Hirte aus den Psalmen des Alten Testaments und aus den Christusworten der Evangelien ist, erhält er doch bei Teresa noch eine reizvolle spanische Pointe, die aus wirtschaftlicher Besonderheit hervorgeht: Spanien, seit dem Mittelalter der große Wollproduzent, »das Australien« Europas, hatte gewaltige Schafherden, z.B. besaß der zu Teresas Lebzeiten erbaute Escorial vierzigtausend Tiere. Aber alle, auch die einfachen Bauernherden, waren national zur »mesta« vereint und zu jahreszeitlichen Wanderungen von Kastilien nach Andalusien und zurück organisiert, der »trashumancia«, deren Aufsicht den Ritterorden oblag, vor allem dem wirtschaftlich führenden Santiago-Orden[1]. Diese Hirten kamen also aus dem spanischen Hochadel und wohnten in Burgen. Für Teresa war es darum vom Hirten auf dem Felde zum göttlichen Hirten in der Burg ein leichter Brückenschlag.

Sie selbst stand schon durch ihre Herkunft zwischen Adel und Wollwirtschaft: Ihre Mutter entstammte einem angesehenen kastilischen Geschlecht, ihr Vater einer Tuchhändlerfamilie, jüdische Konvertiten aus Toledo, wie sie damals als religiös »unzuverlässige« Minderheit verdächtigt und verfolgt wurden, weshalb der Großvater den Tuchhandel aufgab und sich einen Adelsbrief kaufte, für dessen Rechtmäßigkeit Teresas Vater noch prozessieren musste. Der Nachweis des Christlichen war in solchen Familien besonders wichtig, folgten sie doch auch als »schwarze Schafe« dem Ruf des göttlichen Hirten.

Teresa de Cepeda y Ahumada war und ist nicht nur als Mystikerin und Heilige bedeutend, sie ist es auch als Schriftstellerin. Die erste spanische Frau, die in die Literaturgeschichte einging und darin bis heute ihren herausragenden Platz behielt. Sie war auch in ihrer menschlichen und kulturellen Sonderstellung zu einer psychologischen Einfühlung und Sprache fähig, die es zu ihrer Zeit nirgendwo im christlichen Abendland gab. Ihre *Autobiographie* war modellhaft die erste europäische in einer Nationalsprache, diese und ihre Gründungsberichte verglich man auch mit dem gerade erfundenen Schelmenroman. Ebenso hinterließ der Ritterroman, mit dem sie sich als junge Schriftstellerin selbst versuchte, seine ansonsten verwehten Spuren in der »Inneren Burg«. Teresas Gebetslehre setzte sich über alle Verbote der Zeit für schreibende Frauen hinweg und fand Schutz und Unterstützung bei großen Gelehrten und Kirchenmännern.

Sie blieb als schreibende Frau bis ins 19. Jahrhundert einsamer Gipfel und verdankt die vorzügliche Erhaltung und Überlieferung ihrer Manuskripte vor allem *Fray Luis de León*, dem Professor von Salamanca und Dichterfürsten der spanischen Renaissance, der wegen seiner ebenfalls jüdischen Abstammung als Theologe ein so dramatisches Schicksal erfuhr (vgl. Nachwort).

Die Textauswahl bringt möglichst vollständig die wichtigsten Kapitel aus dem sechsbändigen Gesamtwerk, und zwar aus der *Autobiographie*, dem *Weg der Vollkommenheit*, dem *Buch der Klostergründungen* und der *Inneren Burg*. Teresas gebetsbezogene Ordensreform und Klostergründungen hatten eine epochale Bedeutung, ging es ihr doch um die Einheit der Kirche, um den Glauben der Welt (das neu entdeckte Amerika, »Las Indias«!), um Vermeidung von Kriegen. Teresas Waffen waren Liebenswürdigkeit und Geistesschärfe, harter Realismus und charmante Ironie. Weibliche Demutsformeln dienten ihr sowohl zum

Schutz wie zur Attacke, typisch ist z.b. die Äußerung in ihrem Brief vom Januar 1576 an den erbosten Ordensgeneral: *Und wenn wir Frauen uns auch zum Ratgeben nicht eignen, treffen wir doch manchmal das Rechte!*
Ihre Werke, besonders die Ersten, waren von ständigen Kämpfen begleitet. Bewunderung und Zweifel an der Zulässigkeit weiblicher Kreativität auf geistig-geistlichem Gebiet wechselten sich bei ihren Zeitgenossen ab. Und doch waren es gerade immer wieder die verantwortlichen Beichtväter, die Teresa zu ihrem »unziemlichen« Tun ermunterten. So wurde die *Vida*, die *Autobiographie*, gleich von mehreren gewünscht, begleitet, zensiert, approbiert. Teresa begann sie um 1562 zu schreiben, weil sie seit Jahren von inneren Erfahrungen überflutet wurde, die es zu verarbeiten und zu beurteilen galt. Der vernünftige Pater Ibáñez O.P. trug der Verunsicherten auf, einen längeren Lebensbericht zu schreiben. Sie begann damit in Toledo, wohin man sie beordert hatte, um die Witwe Luisa de la Cerda in ihrem Alleinsein zu trösten. Sie händigte diese erste und kürzere Fassung, die verloren ging, noch dort dem Dominikaner *García de Toledo* aus. Der Geistliche ermutigte sie zu einem zweiten und noch detaillierterem Bericht – eben zu jener Autobiographie (1562-65), die wir heute kennen und aus der diese Übersetzungen entnommen wurden. Es ist das erste autobiographische Buch von literarischem Rang seit den *Confessiones* des Augustinus, deren Vorbild Teresa bekannt war.

Während der Abfassung wandte sie sich an den Inquisitor *Francisco de Soto Salazar* und bat um Überprüfung. Dieser antwortete, ihre Glaubenserfahrungen seien kein Fall für die Inquisition, die Häretiker überprüfe – aber sie möge die Erfahrungen dem Fachmann *Juan de Ávila* vorlegen. (»Converso« auch er, damals berühmt als »Apostel von Andalusien«, heute heilig gesprochen.) Sie tat es, und schließlich, 1568, erhielt sie die ersehnte Bestätigung: Die Erfahrungen seien förderlich für sie gewesen, meist mit Sicherheit von Gott gegeben, doch möge sie kritisch bleiben »mit der Umsicht von Dieben« und solche Erfahrungen nicht suchen (Brief wörtlich in Lorenz, *Ein Pfad im Wegelosen*, Freiburg ²1990).

Aber ihr Manuskript existierte bald in Abschriften. Die intrigante Prinzessin Eboli, mit Teresa verfeindet wegen Klosterangelegenheiten in ihrem Herrschaftsbereich Pastrana, sorgte nicht nur dafür, dass sich das Küchenpersonal damit amüsierte, sondern erstattete auch Anzeige bei der Inquisition in Sevilla. Diesmal war es ernst. Teresas bedeutendster geistlicher Beschützer, der Theologe und Dominikaner *Domingo Báñez*, sonst skeptisch gegenüber Frauen, schrieb eine rettende Zensur, datiert vom 7. Juli 1575. Die Inquisition verwahrte das Original, doch sagte 1580 der Inquisitor *Kardinal Quiroga* zu Teresa, sie könne es wiederhaben, wann sie wolle, es sei eine vorzügliche Schrift. Teresa beließ es bei der Inquisition, so blieb es bestens erhalten und wurde dann 1588 dem großen Fray Luis de León für die Erstausgabe der Werke Teresas übergeben. Nach dem Druck forderte König *Philipp II.* es für den Escorial an, wo es zusammen mit der Approbation des Domingo Báñez bis heute verwahrt wird. Damals erhielt es den Titel *Das Leben der Mutter Teresa de Jesús, geschrieben mit eigener Hand*. Sie selbst nannte es bald »Das große Buch«, bald »Meine Seele« und vor allem: »Von der Barmherzigkeit Gottes«.

In dieser *Vida* gehen autobiographische Erzählung und Kontemplationslehre ineinander über. Denn Teresa zeigt, wie durch das kontemplative Gebet Gott in ihr gegenwärtig, ja, zum eigentlichen Protagonisten ihres »Lebensromans« wurde.

Ihr zweites Buch, der *Camino de perfección – Weg der Vollkommenheit*, wurde im Auftrag des *Domingo Báñez* geschrieben, der damit noch einmal über seinen Schatten sprang. Das Meditationswesen und -unwesen blühte damals ähnlich wie in unserer Zeit und wurde vor allem von Frauen getragen. Es bedurfte der Klärung und Anleitung, wie sie Teresa selbst auch für ihre neuen, auf dem Gebet basierenden Klöster brauchte. So kamen ihr Wunsch und der des gelehrten Beichtvaters sich entgegen. Die erste Fassung, die nach dem Aufbewahrungsort »Escorial« genannt wird, entstand 1565. Teresa schrieb schnell, flüssig und hatte selten die Zeit, das Geschriebene noch einmal durchzulesen. Aber sie schrieb mit Leidenschaft und so persönlich, als handele es sich um einen Brief. Das Buch ist noch eher fertig als die zweite Redaktion der Vida. Alle wollen es lesen, die Beichtväter, die Schwestern. Teresa arbeitet es mit zunächst nur zwölf Leserinnen aus dem San José-Kloster in Ávila noch einmal durch. Dann schreibt sie 1566/67 die endgültige Fassung, nach ihrem Aufbewahrungskloster »Valladolid« genannt. Der Titel des Buches stammt von der Heiligen selbst.

Das Werk erregte größtes Aufsehen und Interesse und wurde so sehr gebraucht, dass erste Druckangebote schon 1576 kamen. Teresa stimmte zu und sandte durch Vermittlung eines Verwandten des portugiesischen Königshauses das Manuskript (Valladolid) nach Evora, wo es aber erst 1583 erschien, so dass sie die Drucklegung nicht mehr erlebte. *Jerónimo Gracián* brachte 1585 eine zweite Edition in Salamanca heraus, 1587 erschien das Werk noch einmal (durch Ribera) in Valencia. *Luis de León* hatte für seine Gesamtausgabe beide Fassungen zu seiner Verfügung und mischte ein wenig »Escorial« in »Valladolid« ein. Bis dahin war es niemandem bewusst gewesen, dass es zwei verschiedene Fassungen gab, es wird erst im Laufe des 18. Jh. klar, und man hatte dann die Mühe, die beiden Redaktionen wieder zu scheiden.

Das Buch der Klostergründungen (Las Fundaciones) hat Teresa zufolge einen »übernatürlichen« Ursprung. In einer inneren Christusbegegnung erhielt sie während ihres Aufenthaltes in Malagón im Februar 1570 den Auftrag, den Hergang dieser Gründungen aufzuschreiben. Keineswegs devot meinte sie, da gebe es nichts zu schreiben. Sie war ja ohnehin überlastet genug! Aber Jesus antwortete ihr, sie solle ja gerade zeigen, dass eigentlich er selbst der Klostergründer sei. Teresa war zu klug und vorsichtig, um ungeprüft allen mystischen »Einsprechungen« zu folgen. Sie legte sie ihren Beichtvätern zur Prüfung vor, und diese brauchten Zeit für eine Entscheidung. Diesmal war es der Direktor des Jesuitenkollegs *Jerónimo Ripalda*, der ihr 1573 in Salamanca bestätigte, der göttliche Auftrag sei kein Trug, sie solle schreiben.

Seit ihrer ersten Gründung sind nun schon elf Jahre vergangen: Sie gründete nach Ávila in Medina del Campo (1567), Malagón (1568), Duruelo (1568), Valladolid (1568), Toledo (1569), Pastrana (1569), Salamanca (1570) und Alba de Tormes (1571) – acht neue Reformklöster nach der ersten dramatischen Gründung! Sie schreibt nun zunächst aus der Erinnerung und beginnt damit 1573 bei ihrem Aufenthalt im Salamanca-Kloster, zugleich aber muss sie – gleichsam tagebuchartig – auch von den aktuellen Gründungen berichten, also u.a. Beas de Segura (1574), Sevilla (1576), Palencia (1580) und Burgos (1582), wobei besonders dieser letzten Gründung anzumerken ist, wie Teresa – ein halbes Jahr vor ihrem Tode – die Ereignisse episodenweise, engagiert und angestrengt zu Papier bringt.

König Philipp II. forderte 1593 das Autograph für den Escorial an, wo es noch heute verwahrt wird. Es war zuvor verschiedentlich abgeschrieben worden, denn das Interesse war groß. Auch das Original wechselte zunächst mehrfach seine geistlichen Besitzer. Schließlich kam es in die Hände von Luis de León, der es seinerseits dem König für seine Bibliothek übergab. Die Handschrift zeigt im letzten Gründungsbericht (Burgos), wie P. Tomás Álvarez in seiner Edition darlegt, viele Zeichen der Eile und der Ermüdung.

Den Titel *Las Fundaciones* gab die Heilige selbst. Luis de León übernahm dieses Werk nicht in seine Erstausgabe von 1588, weil noch viele der darin vorkommenden Personen lebten. Es erschien dann 1610 in Brüssel dank des vereinten Bemühens von P. Jerónimo Gracián und Teresas begabter »Nachfolgerin« Priorin Ana de Jesús, der sowohl Johannes vom Kreuz wie Luis de León jeder ein bedeutendes Werk widmeten. Nun trugen die Klostergründungen den Titel *Libro de las Fundaciones de la hermanas descalças Carmelitas, que esciruió la Madre Fundadora Teresa de Jesús.*

Das vierte Buch dann, die *Innere Burg (El Castillo interior)* ist vom literarischen wie mystagogischen Standpunkt aus Teresas bedeutendstes Werk – mehr noch, eines der größten Werke der Christenheit überhaupt. Der Ansatzpunkt dazu war wiederum autobiographisch: Teresa schrieb am 17. Januar 1577 an ihren Bruder Lorenzo, sie

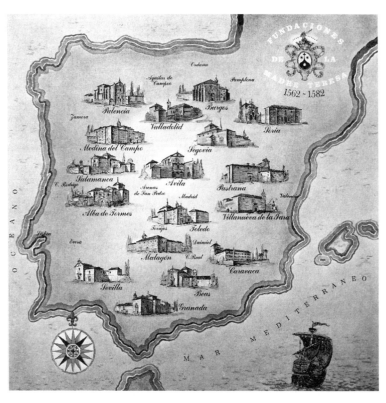

Die Klostergründungen Teresas:

Schwestern:
1562 Avila
1567 Medina del Campo
1568 Malagón
1569 Toledo
1569 Pastrana
1570 Salamanca
1571 Alba de Tormes
1574 Segovia
1575 Beas de Segura
1574 Sevilla
1576 Caravaca *(Ana de San Alberto delegiert)*
1580 Villanueva de la Jara
1580 Palencia
1581 Soria
1582 Granada *(Ana de Jesús delegiert)*
1582 Burgos

Patres:
1568 Duruelo
1569 Pastrana

habe den Bischof von Ávila gebeten, ihr die konfiszierte Autobiographie wiederzubeschaffen, denn »ich habe vielleicht Lust, es zu vollenden mit dem, was mir der Herr danach gegeben hat, wodurch es ein anderes und großes Buch werden könnte.« Aber damals wollte man ihr das Werk noch nicht geben. Als sie dann im Mai Pater Gracián gegenüber seufzte, sie habe das, was sie ihm gerade sagen wolle, in ihrem unzugänglichen Vidamanuskript so gut erklärt, antwortete dieser: »Dann schreiben Sie doch ein neues Buch!« Und sie möge es objektiver halten als die Autobiographie[2].

Natürlich ist Teresa in all den Jahren auch menschlich und künstlerisch gereift. Sie sieht die Dinge jetzt zugleich genauer und objektiver, um nicht zu sagen »theologischer«, ohne dass die herrliche Lebendigkeit darunter leidet. Zuerst freilich hat sie gegen den Buchplan große Einwände, sie könne das nicht, habe zu viel Kopfschmerzen[3] und so weiter. Aber am 3. Juni 1577 beginnt sie dann doch, und die zwei Wochen, in denen die ersten drei »Wohnungen« geschrieben sind, zeigen, wie sehr dieses Werk in ihr innerlich schon bereitet war. Hatte sie doch auch im Jahr zuvor eine »Einsprache« vernommen, die sie so beeindruckte, dass sie etwas später einem Gedicht als Motto und Refrain diente. Das Thema der inneren Burg: *Gott in mir und ich in Gott* ist hier ebenso natürlich wie intensiv gestaltet:

O Seele, suche dich in Mir,
und, Seele, suche Mich in dir.

Die Liebe hat in meinem Wesen
dich abgebildet treu und klar;
kein Maler lässt so wunderbar
o Seele, deine Züge lesen.
Hat doch die Liebe dich erkoren
als meines Herzens schönste Zier:
Bist du verirrt, bist du verloren,
o Seele, suche dich in Mir.

In meines Herzens Tiefe trage
ich dein Porträt, so echt gemalt;
sähst du, wie es vor Leben strahlt,
verstummte jede bange Frage.
Und wenn dein Sehnen mich nicht findet,
dann such nicht dort und such nicht hier:
Gedenk, was dich am tiefsten bindet,
und, Seele, suche Mich in dir.

Du bist mein Haus und meine Bleibe,
bist meine Heimat für und für;
ich klopfe stets an deine Tür,
dass dich kein Trachten von mir treibe.
Und meinst du, ich sei fern von hier,
dann ruf mich, und du wirst erfassen,
dass ich dich keinen Schritt verlassen:
Und, Seele, suche Mich in dir[4].

Ende Juni wird Teresa gestört[5], sie muss nach Ávila ins Kloster San José zurück. Erst im Oktober nimmt sie die Niederschrift wieder auf, und schon am 29. November ist das Werk fertig!

Dann blättert sie alles durch und schreibt – wie ihr heutiger bester Kenner *Tomás Álvarez* berichtet, auf die Rückseite des ersten Blattes, denn sonst war kein Platz mehr, *Este tratado, llamado Castillo interior, escribió Tersesa de Jesús*. Und an die Blattränder setzt sie, und zieht dazu Querstriche, die Großeinteilung in Moradas I-VII, dazu noch die Angabe der einzelnen Kapitel. Ein Zeichen, wie wichtig ihr jetzt im Gegensatz zur ungegliederten Autobiographie die Struktur war[6]. Heute nennt man das Werk darum auch *Las Moradas del Castillo interior*.

Nach der Ablieferung des Manuskripts kommen die Kritiker, vor allem der Auftraggeber Gracián. Teresa lässt zu, dass er vieles »korrigiert«. Aber ihr späterer erster Biograph, der kluge Jesuit *Ribera*, erkennt dann bei der Durchsicht, dass das von Teresa Geschriebene »der bessere Text war« und streicht seinerseits das Korrigierte wieder aus. Zum Glück für die Nachwelt lässt auch *Fray Luis de León* bei seiner Erstausgabe Graciáns »Korrrekturen« unberücksichtigt.

Ein anderer Jesuit, der Inquisitor *Rodrigo Álvarez in Sevilla*, der 1575/76 die angezeigte Teresa überprüfen musste, hatte sich damals in einen Verehrer verwandelt und bat am 8.11.1581 die Heilige um das Manuskript. Sie sandte es zunächst mit einer Schwester, und die Priorin ihres Klosters in Sevilla las ihm die »Siebente Wohnung« vor. Dann erhielt er auf seine Bitte das Ganze und schrieb, er könne nicht nur die Richtigkeit und Rechtgläubigkeit bestätigen, er sähe hier den gleichen wahren Geist wirken wie in der heiligen Gertrudis, der heiligen Caterina von Siena oder der heiligen Brigitte. Eine vorweggenommene Kanonisierung durch den begeisterten Inquisitor! Er legte dieses Urteil vom 22. Februar 1582 dem Manuskript bei, das bis heute in Sevilla verwahrt wird[7].

Das Werk reicht von der menschlichen Unzulänglichkeit bis zur Teilhabe am göttlich-trinitarischen Leben, die nach Teresas Erfahrung Kraft und Fähigkeit zum Wirken für Gott und die Mitmenschen gibt. Den Drehpunkt des Prozesses bildet die »vierte Wohnung«: Hier wandelt sich das Asketische ins Mystische, das »Natürliche ins Übernatürliche«, wie die Autorin sagt. Somit wird jetzt das Verborgene deutlich, nämlich dass Gott den Menschen führen und an sich ziehen will. Darum ertönt nun sanft und lieblich der *Lockruf des Hirten*, Sinn und Ziel des ganzen Lebens der heiligen Teresa de Jesús oder von Ávila.

Hamburg, im Mai 1998 *Erika Lorenz*

Chronik

1515	Geburt Teresas am 28. März in der kastilischen Stadt Ávila.
1519	Der Vater jüdischer Abkunft, Alonso Sánchez de Cepeda, führt einen Rechtsstreit um den erkauften Adel.
1523	Versuch, mit dem Bruder Rodrigo ins Maurenland zu fliehen.
1528	Tod der Mutter.
1528-30	Teresa schreibt einen Ritterroman, der verloren geht. Ungute Freundschaften.
1531	Teresa kommt ins Internat der Augustinerinnen zu Ávila.
1532	Sie verlässt das Internat wegen Erkrankung.
1533	Rekonvaleszenzzeit beim Onkel Don Pedro in Hortigosa. Viel geistliche Lektüre.
1534	Die Brüder beginnen sich nach Amerika (Perú/Ecuador) abzusetzen.
1535	Teresa flieht am 2. November aus dem Elternhaus und tritt in das karmelitische Menschwerdungskloster ein (Convento de Santa María de la Encarnación).
1536	Einkleidung am 2. November.
1537	Ablegung der Gelübde am 3. November.
1538	Im Herbst schwere Erkrankung, vermutlich Brucellosis. Wieder beim Onkel in Hortigosa. Hier Begegnung mit der Gebetslehre im Werk des Francisco de Osuna (Tercer Abecedario), das sie zu ihrem »Meister« erklärt.
1539-42	Die Krankheit dauert an und verschlimmert sich bis zum Scheintod. Der Vater verhindert, dass man sie begräbt.
1543	Sie pflegt den kranken Vater, der stirbt.
1544-53	Teresa sucht sich jesuitische Beichtväter. Rückschritt im Gebet durch P. Barrón S.J. Innerer Kampf um die wahre Spiritualität.
1554	Die »Bekehrung« zur geistlichen Entschiedenheit vor der kleinen Büste des Schmerzensmannes. Lektüre der »Bekenntnisse« des Augustinus. Beginn der »mystischen Gnadenerweise«.

1557-61	Die großen Visionen, Ekstasen usw. Teresa begibt sich auf Anordnung des Provinzials nach Toledo in das Haus der verwitweten Luisa de la Cerda. Sie beginnt ihre Relaciones, die Berichte innerer Erfahrung.
1562	Teresa schreibt in Toledo die erste Fassung der *Vida*, die später verloren geht. Bemüht sich um Ausführung des Plans der Gründung eines Reformklosters in Ávila. Führt darüber mehrfach Gespräche mit dem ihr schon bekannten Hl. Pedro de Alcántara. Wird nach ihrer Rückkehr am 10. August zur Priorin im Menschwerdungskloster gewählt.
1562	24. August Einweihung des reformierten Karmelklosters San José in Ávila. Aufruhr dagegen in der Stadt. Domingo Báñez hält eine flammende Verteidigungsrede. Nach vollzogener Gründung muss die Gründerin ins Menschwerdungskloster zurück. San José ist dem Bischof von Ávila direkt unterstellt.
1562/63	Teresas Einzug ins San José-Kloster. Am 22. August 1563 kommt die offizielle Erlaubnis.
1565	Die zweite Fassung der *Vida* (Autobiographie) wird gegen Jahresende fertig.
1566-67	Teresa schreibt den *Camino de perfección*, Weg der Vollkommenheit.
1567	Ordensgeneral Rossi (Rubeo) kommt nach Ávila. Im April autorisiert er Teresa zur Gründung weiterer Nonnenklöster (vgl. Karte), am 16. August kommt ein Patent zur Gründung zweier Mönchsklöster (Duruelo und Pastrana).
1568	Teresa gewinnt in Medina del Campo Johannes vom Kreuz (Juan de Yepes y Alvarez) – damals Karmelit Juan de Santo Matía – für ihre Reform und die Gründung von Mönchsklöstern.
1568-82	Die Zeit der großen Gründungsreisen. Vgl. Karte!
1569	Streit mit der Prinzessin Éboli in Pastrana.
1571	Neues Gründungspatent vom General. In San José widerruft Teresa die bisherige gemilderte Ordensregel und legt die Gelübde für die strengere Observanz der »Unbeschuhten« ab.

1572	Im Frühjahr holt Teresa Johannes vom Kreuz als Spiritual in das Menschwerdungskloster. Am 18. November weiß sie sich aufgrund einer Vision in die Unio mystica aufgenommen, nachdem sie die Kommunion von Johannes vom Kreuz empfangen hatte.
1573	Teresa beginnt die Arbeit an ihren *Fundaciones*, dem Buch der Klostergründungen.
1574	Sie kehrt wieder in ihr Reformkloster San José zurück.
1575	Teresa lernt im Februar Jerónimo Gracián – Jerónimo de la Madre de Dios seit seinem Klostereintritt 1572 – anlässlich der Gründung in Beas de Segura kennen. Sie ist menschlich tief beeindruckt. Sie wird wegen ihrer Autobiographie bei der Inquisition in Sevilla angezeigt. Der inzwischen berühmte Theologe Domingo Báñez rettet das Werk durch sein Gutachten. Wegen Zwistigkeiten im Orden und Missverständnissen bekommt Teresa vom General Befehl, sich in ein Kloster ihrer Wahl einzuschließen. Sie schreibt noch in Sevilla die berühmte *Relación 4* »*Esta monja...*«.
1576	Teresa begibt sich aufgrund des Befehls in ihr Kloster in Toledo.
1577	Am 2. Juni beginnt sie ihr größtes Werk zu schreiben, das *Castillo interior* – die *Innere Burg*. P. Jerónimo Gracián hatte den Anstoß dazu gegeben. Im Juli reist sie wieder nach Ávila, um ihr Kloster San José, das bisher dem Bischof unterstand, nun dem Orden zu unterstellen. Sie vollendet die *Innere Burg* am 29. November. Johannes vom Kreuz wird von den reformunwilligen Karmeliten, den »Beschuhten«, in der Nacht vom 3. zum 4. Dezember aus Ávila entführt, heimlich nach Toledo gebracht und ins Klostergefängnis gesperrt. Am 24. Dezember fällt Teresa auf der Treppe und bricht sich den linken Arm.
1578	Im August entkommt Johannes vom Kreuz in dramatischer Flucht seinem Gefängnis. Der reformfeindliche neue päpstliche Nuntius F. Sega unterstellt die »Unbeschuhten« wieder den »Beschuh-

	ten«. P. Gracián wird in das Kolleg der Unbeschuhten in Alcalá de Henares eingeschlossen. Die Reform scheint gescheitert.
1579	Teresa sendet ihren *Weg der Vollkommenheit* zum Druck nach Evora (Portugal). Aber der Druck verwirklicht sich erst nach ihrem Tode.
1580	Das Blatt der Reform wendet sich. Ein päpstliches Breve vom 22. Juni bewilligt die Errichtung einer eigenen Ordensprovinz für die »Unbeschuhten«.
1581	Auf dem Kapitel der »Unbeschuhten« in Alcalá am 3. März wird Gracián zum Provinzial gewählt. Teresa sieht glücklich ihren Lebenserfolg.
1582	Sie bricht am 2. Januar zu ihrer letzten Gründung nach Burgos auf. Sie kommt dort am 26. Januar an, gründet nach vielen Schwierigkeiten am 19. April. Am 23. Mai tritt der Fluss Arlanzón über seine Ufer und überschwemmt das Haus. Am 26./27. Juli reist Teresa von Burgos ab. Ihr Weg führt über Palencia, Valladolid, Medina nach Alba de Tormes, wo die erschöpfte und schwer krebskranke Heilige in der Nacht vom 4. zum 5. Oktober stirbt.
1588	Erstausgabe der Werke durch Fray Luis de León.
1614	Seligsprechung
1617	Ernennung zur Schutzpatronin Spaniens.
1622	Heiligsprechung.
1965	Schutzpatronin der spanischen Schriftsteller.
1970	Ernennung zur Kirchenlehrerin.

Vollmond über Ávila. Foto von Rosmarie Pierer, Hamburg

ANRUF DES LEBENS

Kindheit und Jugend

Ich hatte rechtschaffene und gottesfürchtige Eltern, was mir mit der Gunst des Herrn genügt haben würde, um ebenfalls gut zu werden, wäre ich nicht so verderbt gewesen! Mein Vater war ein passionierter Leser geistlicher Bücher[1], und so hatte er auch spanischsprachige[2] zur Lektüre für seine Kinder. Diese Bücher, zusammen mit der Sorgfalt, mit der meine Mutter uns beten und die Muttergottes sowie einige Heilige verehren lehrte, ließen mich, ich schätze im Alter von sechs oder sieben Jahren, zur Verständigkeit erwachen. Dabei war es hilfreich für mich, dass meine Eltern nichts anderes schätzten als die Tugend. Sie hatten viele Tugenden.

Mein Vater war ein Mann von großer Freigebigkeit gegenüber den Armen und hatte viel Mitgefühl mit den Kranken, ja, sogar mit den Dienstboten. So sehr, dass er sich niemals entschließen konnte, Sklaven zu halten, sie taten ihm zu sehr Leid. Und als wir einmal eine Sklavin seines Bruders bei uns im Hause hatten, behandelte er sie so wie seine Kinder. Er sagte, es sei ihm unerträglich, sie nicht frei zu sehen. Seine Wahrhaftigkeit war groß. Niemand vernahm je von ihm einen Fluch oder üble Nachrede. Er war ehrenhaft in bester Weise.

Meine Mutter besaß ebenfalls viele Tugenden und verbrachte ihr Leben mit schweren Krankheiten. Sie war äußerst ehrbar. Obwohl von großer Schönheit, sah man sie nie Wert darauf legen. Denn als sie mit dreiunddreißig[3] Jahren starb, entsprach ihre Kleidung schon lange der einer betagten Frau. Sie war sanft und klug. Groß waren die Mühen und Leiden, unter denen ihr Leben dahinging. Sie starb höchst christlich.

Wir waren drei Schwestern und neun Brüder[4]. Alle glichen durch Gottes Güte an Tugendhaftigkeit ihren Eltern, nur ich nicht, obwohl ich der Liebling meines Vaters war. Und er schien einige Gründe dafür zu haben, ehe ich begann, mich an Gott zu versündigen. Denn es ist ein Jammer, wenn ich daran denke, welch gute Anlagen der Herr mir gab und wie schlecht ich sie zu nutzen wusste.

Meine Geschwister behinderten mich in keiner Weise, Gott zu dienen. Mit einem mir altersmäßig nahe stehenden Bruder[5] las ich Heiligenleben. Er war mein Lieblingsbruder, wenn ich auch alle sehr liebte und sie mich. Als ich nun las, was die Märtyrerinnen für Gott erduldeten, schien mir die Aufnahme in das selige Gottesreich sehr günstig erworben, und ich wünschte mir innig, so zu sterben. Nicht etwa aus Liebe, die ich zu Gott zu haben fähig gewesen wäre, sondern um baldmöglichst in den Genuss der großen Güter zu gelangen, die es, wie ich gelesen hatte, im Himmel gab. Und mein Bruder dachte mit mir darüber nach, womit wir sie erlangen könnten. Wir kamen überein, dass wir ins Maurenland wandern und Gott anflehen wollten, dass man uns dort köpfe. Und

Teresa zieht mit ihrem Bruder Rodrigo ins Maurenland.
Gemälde aus dem 18. Jh. in La Santa, Ávila.

mir scheint, dass Gott uns in so zartem Alter durchaus Mut gab, wäre nur irgendeine Möglichkeit gewesen, unsere Pläne umzusetzen. Denn dass wir Eltern hatten, schien uns dabei das größte Hindernis[6].

Wir waren sehr betroffen, als wir in unserer Lektüre gesagt fanden, dass Verdammnis und Herrlichkeit ewig seien. Es ergab sich, dass wir oft davon sprachen, und wir wiederholten gern viele Male »auf ewig, ewig, ewig!« Weil wir viel Zeit mit solchem Sprechen verbrachten, gefiel es dem Herrn, dass ich in dieser Kindheit für den Weg der Wahrheit geprägt wurde.

Sobald ich sah, dass es unmöglich war, dorthin zu gehen, wo man mich umbringen würde für Gott, wollten wir Eremiten werden. Wir versuchten in einem Garten, der zum Hause gehörte, wie wir – so gut wir es vermochten – als Eremiten leben könnten, und schichteten dafür Steine auf, die uns dann wieder herunterrollten. So fanden wir keinerlei Hilfe für unser Bestreben. Es erfüllt mich jetzt mit andächtiger Liebe, wenn ich sehe, wie Gott mir so rasch das schenkte, was ich dann durch meine Schuld verlor.

Ich gab Almosen, so viel ich konnte, und ich konnte wenig. Ich suchte die Einsamkeit auf zum Beten meiner vielen Andachtsübungen, vor allem des Rosenkranzes, dem meine Mutter sehr ergeben war. Und so wurden auch wir es. Ich hatte große Freude, wenn ich mit anderen kleinen Mädchen Kloster spielte, als seien wir Nonnen. Und mir scheint, dass ich mir auch wirklich wünschte, eine zu sein, wenn auch der Wunsch nicht so groß war wie bei dem, wovon ich gerade erzählte.

Ich weiß noch, dass ich, als meine Mutter starb, im Alter von zwölf Jahren[7] oder jünger zurückblieb. Als ich zu verstehen begann, was ich verloren hatte, ging ich traurig zu einem Bild Unserer Lieben Frau und bat sie unter vielen Tränen, nun meine Mutter zu sein. Wenn ich das auch in Einfalt tat, scheint es mir doch Beistand verschafft zu haben. Denn immer wurde mir diese erhabene Jungfrau gegenwärtig, sobald ich mich ihr empfahl. Und schließlich hat sie mich für immer an sich gezogen[8].

Jetzt quält es mich zu sehen und zu bedenken, warum ich diesen guten Antrieben des Lebensbeginns nicht treu geblieben bin.

O mein Herr! Da du doch wohl beschlossen hast, dass ich mein Heil erlange, wollest du bitte auch helfen, dass dieses geschehe! Und bei den vielen Gnaden, die du mir erwiesen hast, würdest du es nicht für richtig halten – nicht um meines Vorteils willen, sondern wegen der dir geschuldeten Ehrfurcht –, dass man eine Wohnung, in der du ständig bleiben sollst, nicht so verschmutzen lasse? Herr, auch das quält mich auszusprechen, weil ich weiß, dass es einzig meine Schuld war. Ich glaube nämlich nicht, dass du nicht alles tatest, damit ich von diesem Alter an ganz dein hätte sein können.

Wollte ich mich nun über meine Eltern beklagen, so geht auch das nicht, denn ich sah an ihnen nur Gutes, und sie trugen Sorge um mein Wohl und für mein Heil.

Ich aber, als mir am Ende meiner Kindheit die natürlichen Gaben, die der Herr mir verliehen hatte, bewusst wurden – und sie waren, wie man mir sagte, zahlreich – sagte dafür dem Herrn nicht Dank, sondern begann mich ihrer zu bedienen, um mich an ihm zu versündigen, wie ich jetzt erzählen werde (V 1 ungekürzt).

Mir scheint, das, wovon ich nun berichten will, fügte mir

bald großen Schaden zu. Ich denke manchmal darüber nach, wie schlecht Eltern an ihren Kindern handeln, wenn sie sich nicht bemühen, sie in jeder Hinsicht nur Untadeliges erfahren zu lassen. Denn wenn auch meine Mutter, wie ich sagte, sehr tugendhaft war, übernahm ich doch, seit ich meine Vernunft gebrauchen konnte, von ihr an Gutem wenig oder nichts, während mir die Fehler erheblich schadeten. Sie liebte Ritterromane[9], und dieser Zeitvertreib war für sie nicht so schlecht wie für mich, denn sie vernachlässigte nicht ihre Aufgaben, während wir [Kinder] uns völlig an die Lektüre verloren. Sie tat es wohl, um sich von ihren großen Belastungen abzulenken und ihre Kinder so zu beschäftigen, dass sie keine schlimmeren Dinge taten. Dieses verdross jedoch meinen Vater so sehr, dass meine Mutter uns anwies, ihn nichts davon merken zu lassen. Ich gewöhnte mich an diese Lektüre, und der kleine Fehler, den ich an meiner Mutter erkannte, begann meine guten Bestrebungen abzukühlen und ließ mich allmählich nachlässig werden. Ich vermochte nichts Böses dabei zu erkennen, wenn ich Tag und Nacht viele Stunden mit solch nichtigen Studien vergeudete, wenn auch gegen den Willen meines Vaters. Ich wurde ganz süchtig nach dieser Lektüre, so dass mir die innere Zufriedenheit fehlte, wenn ich kein neues Buch bekam.

Nun begann ich mich schön zu kleiden und wollte durch gutes Aussehen gefallen. Dabei verwendete ich viel Sorgfalt auf die Pflege meiner Hände und Haare, auf schöne Düfte und all die Eitelkeiten, die man auf diesem Gebiet haben kann. Es waren viele, denn ich war sehr gründlich. Dabei war keine schlechte Absicht, denn ich wollte ja nicht, dass sich jemand durch mich an Gott versündige. Doch über

Jahre verbrachte ich viel Zeit mit meinem übertriebenen Reinlichkeitsbedürfnis und Ähnlichem, was mir nicht fehlerhaft erschien. Heute sehe ich, wie schlecht das alles gewesen sein musste.

Ich hatte einige Vettern, andere [junge Leute] bekamen keinen Zugang zum Hause meines Vaters, in dem man sehr zurückgezogen lebte. Hätte es doch Gott gefügt, dass auch die Vettern nicht eingelassen worden wären! Denn heute erkenne ich die Gefahr für eine Heranwachsende, die ihre Tugenden ausbilden soll, wenn sie mit Menschen umgeht, denen die Eitelkeit der Welt nicht bewusst ist und die eher dazu anregen, sich auf sie einzulassen. Sie waren fast gleichaltrig mit mir, nur wenig älter. Wir waren ständig beisammen. Sie erwiesen mir große Liebe, und ich unterhielt sie mit allem, was sie erfreute und hörte mir an, was sie von ihren Flirts und Kindereien berichteten, keineswegs Gutes. Das Schlimmste aber war, dass damit die Seele dem ausgesetzt war, was später Ursache wurde all ihren Unglücks[10].

Wenn ich heute einen Rat gebe dürfte, würde ich den Eltern sagen, dass sie bei Kindern dieses Alters sehr Acht geben müssten, mit wem sie umgehen. Denn hier ist die Wurzel vieler Übel, weil sich unser Naturell eher dem Schlechteren als dem Besseren zuneigt.

So war es mit mir, die ich eine sehr viel ältere Schwester hatte, von deren Ehrbarkeit und Gutheit – sie besaß davon viel – ich nichts annahm. Dafür übernahm ich alles Schädliche von einer Verwandten, die uns oft besuchte. Ihr Umgang war so leichtfertig, dass meine Mutter ihr gern das Haus verboten hätte, sie ahnte wohl die schlechte Auswirkung auf mich. Es gelang ihr aber nicht, denn es ergab sich [für die Verwandte] immer wieder eine Gelegenheit, ins

Haus zu kommen. Mit dieser, von der ich spreche, pflegte ich leidenschaftlichen Umgang. Mit ihr redete und unterhielt ich mich, denn sie verschaffte mir allen Zeitvertreib, den ich nur wünschte, beeinflusste mich stark und ließ mich teilhaben an ihren Vergnügungen und Eitelkeiten.

Bis ich mit ihr umging – ich war damals vierzehn Jahre alt oder vielleicht etwas älter[11], und ich sage das, weil sie sich mit mir befreundete und mich an ihren Dingen Anteil nehmen ließ –, meine ich mich von Gott weder durch eine Todsünde abgekehrt noch die Gottesfurcht verloren zu haben, wenn ich auch mehr noch um meine Ehre fürchtete[12]. Das gab mir Kraft, sie nicht ganz zu verlieren, und ich meine auch, dass ich um keinen Preis der Welt anderen Sinnes geworden wäre und keine menschliche Liebe mich in diesem Punkte hätte nachgeben lassen. Hätte ich nur die Stärke besessen, auch Gottes Ehre ebenso wenig zu verletzen, wie ich auf meiner natürlichen Ebene die Ehre der Welt zu wahren verstand, die mir so viel bedeutete! Und ich erkannte nicht, dass ich sie schon auf vielen anderen Wegen verlor.

Ich war extrem in meiner eitlen Ehrliebe. Aber ich wandte keine der Maßnahmen an, die nötig waren, um die Ehre zu erhalten. Ich war nur sehr darauf bedacht, nicht gänzlich zu verderben.

Mein Vater und meine Schwester sahen diese Freundschaft ungern und machten mir deswegen oft Vorwürfe. Doch ihre Bemühungen halfen ihnen nichts, sie konnten nicht verhindern, dass sie [die Verwandte] immer wieder Gelegenheit zum Besuch bekam, denn meine Findigkeit in allem Unguten war groß. Oft erschrecke ich über den Schaden, den eine schlechte Gesellschaft stiften kann, und hätte ich dieses nicht erfahren, könnte ich es nicht glauben.

Vor allem bei Heranwachsenden dürfte der Schaden besonders groß sein. Möchten doch Eltern, durch mein Beispiel gewarnt, sehr auf der Hut sein! Es war wirklich so, dass diese Gespräche mich derart veränderten, dass von den natürlichen Tugenden meiner Seele so gut wie nichts übrig blieb. Ich wurde, so meine ich, geprägt durch die Wesensart dieser und noch einer weiteren Verwandten, die die gleiche Weise des Zeitvertreibs hatte.

Von daher verstehe ich den großen Nutzen guter Gesellschaft, und ich bin sicher, wäre ich damals mit ehrenhaften Personen umgegangen, hätte ich die Tugend heil bewahrt. Denn wenn mich in diesem Alter jemand die rechte Gottesfurcht gelehrt hätte, wäre die Seele stark genug gewesen, um nicht zu fallen. Nachdem ich aber diese Furcht ganz verloren hatte, blieb mir nur die Ehre, die mich bei all meinem Tun quälend verfolgte. Ich wagte vieles, was gegen sie und gegen Gott verstieß, weil ich dachte, man würde nichts merken.

Was mir anfangs schadete, waren, so meine ich, die genannten Umstände. Dennoch war nicht ihnen, sondern mir die Schuld zu geben. Denn bald genügte meine Schlechtigkeit für das Böse, verbunden mit der Anwesenheit von Dienstmädchen, in denen ich für alles Schlechte gute Werkzeuge fand. Hätte nur eine von ihnen mich vernünftig beraten, so wäre ich vielleicht dem Ratschlag gefolgt. Aber ihre Bestechlichkeit machte sie blind, so wie mich die Liebe. Und wenn ich auch nie dem ganz Schlimmen zuneigte, denn unehrenhafte Dinge waren mir von Natur aus zuwider, sondern den Zeitvertreib einer angenehmen Unterhaltung suchte, setzte ich mich doch Versuchungen aus. Die Gefahr lag auf der Hand, und damit gefährdete ich auch den Ruf meines Vaters und meiner Geschwister. In diesen Versuchungen beschützte mich Gott ganz gegen meinen Willen, so dass ich mich nicht ganz verlor. Aber das alles konnte nicht so geheim bleiben, dass nicht meine Ehre einen Riss bekommen hätte und mein Vater Verdacht schöpfte.

Ich glaube, dass ich nicht ganz drei Monate in diesen Eitelkeiten lebte, als man mich in ein Kloster[13] dieser Stadt brachte, wo Töchter meines Standes erzogen wurden, wenn sie auch nicht sittenverderbt waren wie ich. Der wahre Grund [meiner Umsiedlung] wurde verheimlicht, nur ein Verwandter und ich kannten ihn. Man wartete eine plausible Gelegenheit ab, um kein Aufsehen zu erregen. So lieferte dann die Heirat meiner Schwester die Begründung, und dass es nicht gut wäre, wenn ich mutterlos allein bliebe.

Mein Vater liebte mich übermäßig, hinzu kam meine geschickte Verstellung, so dass er so viel Böses von mir nicht glauben mochte und ich ihn darum auch nicht unglücklich machte. Der fragliche Zeitraum war ja kurz gewesen, und wenn man auch etwas zu wissen meinte, gab es doch keine Gewissheit. Denn da ich so sehr um meine Ehre besorgt war, richtete sich all mein Bemühen auf die Geheimhaltung und bedachte ich nicht, dass das unmöglich war vor dem, der alles sieht.

O mein Gott! Welch einen Schaden verursacht dieses Geringachten in der Welt, ebenso wie die Meinung, etwas könne verborgen bleiben, das sich gegen dich richtet! Ich halte es für gewiss, dass uns große Übel erspart blieben, wenn wir verstehen würden, dass es sich nicht darum handelt, uns vor den Menschen in Acht zu nehmen, sondern uns zu hüten, dir zu missfallen.

In den ersten acht Tagen war ich dort im Kloster sehr unglücklich, mehr wegen der Vermutung, man könnte von meiner Nichtswürdigkeit erfahren haben, als wegen des Aufenthalts. Ich war des allen müde und war nicht mehr ohne große Gottesfurcht bezüglich meiner Verfehlungen. Darum suchte ich bald zu beichten. Ich brachte eine große Unruhe mit, aber bereits nach acht Tagen – ich glaube sogar, noch weniger – fühlte ich mich viel glücklicher als im Hause meines Vaters. Und alle waren auch mit mir zufrieden, denn darin hatte mich der Herr begnadet, dass ich, wo immer ich weilte, gern gesehen und sehr beliebt war. Und wenn ich damals auch der Möglichkeit, Nonne zu werden, spinnefeind war, tat es mir doch wohl, so gute Nonnen kennen zu lernen, denn das waren sie in diesem Kloster wirklich: von großer Ehrbarkeit, Gläubigkeit und Verinnerlichung. Wenn auch bei alledem der Teufel nicht unterließ, mich zu versuchen und mir Außenstehende mit Botschaften sandte, die mich beunruhigten. Da ihnen aber nicht entsprochen wurde, hatte das bald ein Ende, und meine Seele begann sich wieder wie in meinen frühen Jahren an die Hinwendung zum Guten zu gewöhnen. Ich erkannte, welch große Gnade Gott dem erweist, der mit guten Menschen zusammenlebt.

Mir scheint, dass seine Majestät hin und her überlegte, wodurch er mich zurückgewinnen könne. Sei gesegnet, mein Herr, dass du mich trotz allem ertragen hast!

Etwas gibt es, das mich ein wenig entschuldigen könnte, wenn die Schuld nicht so groß wäre: nämlich dass der Umgang mit jenem [Vetter][14] durch eine Heirat, so schien mir, ein gutes Ende gefunden hätte. Auch als ich dazu die Meinung meines Beichtvaters und anderer einholte, sagte man mir im Großen und Ganzen, dass es sich nicht gegen Gott richte (V 2 ungekürzt).

[Teresa musste 1533 aus Gesundheitsgründen reisen und verbrachte einige Tage bei ihrem Onkel Pedro Sánchez de Cepeda in Hortigosa nahe Ávila. Er war ein frommer konvertierter Jude und bevorzugte aszetische Bücher.]
Unterwegs kamen wir bei einem Bruder meines Vaters vorbei, einem sehr gebildeten Mann von großer Tugend, Witwer, den der Herr schon für sich vorbereitete, denn im hohen Alter verließ er alles, was er hatte, wurde Mönch und endete so, dass er, wie ich meine, in die ewige Seligkeit einging. Er wollte mich gern ein paar Tage bei sich behalten. Seine Beschäftigung bestand im Lesen guter spanischsprachiger Bücher und seine Rede handelte meist von Gott und der Eitelkeit der Welt. Er veranlasste mich, ihm aus den Büchern vorzulesen, und wenn sie auch nicht nach meinem Geschmack waren, tat ich doch so, als ob sie mir gefielen. Denn ich war immer im Übermaß bemüht, anderen gefällig zu sein, auch wenn es mir schwer fiel. Darin ging ich so weit, dass bei mir zum großen Fehler wurde, was bei anderen eine Tugend gewesen wäre, so unbedacht verhielt ich mich oft.

O mein Gott, auf welchen Wegen hat mich doch seine Majestät geführt, um mich auf den Stand vorzubereiten, in dem ich ihm dienen sollte! So dass er mich gegen meinen Willen zur Selbstüberwindung brachte! Er sei gepriesen in Ewigkeit, amen.

Wenn ich auch nur wenige Tage blieb, war der Eindruck der Gottesworte – und zwar sowohl der gelesenen wie der gesprochenen, wozu noch das gute Beisammensein kam – in meinem Herzen so stark, dass ich wie schon in meiner Kindheit die Wahrheit erkannte, dass alles nichts ist. Ich sah die Eitelkeit der Welt, ihre Vergänglichkeit und dass ich nach meinem Tode die Hölle zu fürchten hätte. Und wenn mir auch der Gedanke, Nonne zu werden, nicht gefiel, erschien es mir doch als das Beste und Sicherste. Und so entschloss ich mich nach und nach, mich zum Ordensstand zu überwinden.

Dieser innere Kampf dauerte drei Monate, und ich besiegte mich mit folgender Überlegung: dass die Mühen und Leiden eines Nonnendaseins nicht schlimmer sein könnten als das Fegefeuer, während ich doch sehr wohl die Hölle verdiente. Und dass es nicht zu viel sei, wenn ich wie im Fegefeuer leben würde, weil ich doch danach geradewegs in den Himmel käme, denn das war meine Sehnsucht.

Ich meine, was mich hier zum Ordensstand bewegte, war eher erbärmliche Furcht als Liebe. Der Teufel suggerierte mir, dass ich in meiner Bequemlichkeit die Härte des Ordenslebens nicht ertragen würde. Ich verteidigte mich dagegen mit dem Leiden, das Christus erduldet hatte, indem ich meinte, ich könne darum für ihn auch ein wenig leiden. Und, so muss ich wohl gedacht haben, denn ich erinnere mich nicht mehr genau daran, er würde mir schon helfen, diese Leiden zu tragen. Ich machte in diesen Tagen beträchtliche Versuchungen durch.

Ich bekam mehrmals Fieber, verbunden mit langen Bewusstlosigkeiten, denn meine Gesundheit war immer schwach gewesen. Aber meine Vorliebe für gute Bücher gab mir Leben. Ich las in den Briefen des heiligen Hieronymus, die mich so stärkten, dass ich beschloss, dem Vater meinen Entschluss mitzuteilen. Das war schon fast das Gleiche wie ein Klostereintritt, denn mein Ehrgefühl erlaubte mir keinerlei Rückschritt, wenn ich die Absicht ausgesprochen hatte. Er aber liebte mich so sehr, dass ich in keiner Weise etwas bei ihm erreichen konnte, und auch die Fürsprache anderer, die ich um ihre Vermittlung gebeten hatte, half nichts. Das Äußerste, was er mir zugab, war, dass ich nach seinem Tode tun könne, was ich wolle. Das aber nützte mir nichts, denn ich fürchtete meine Schwachheit und mein Nachgeben. Darum versuchte ich es auf andere Weise, wovon ich jetzt erzählen will (V 3; 4-7).

In jenen Tagen, als ich mich mit diesen Entschlüssen trug, hatte ich auch einen Bruder[15] zum Ordensberuf überzeugt, indem ich ihm die Eitelkeit der Welt vor Augen stellte. Wir kamen überein, dass wir eines Tages früh am Morgen aufbrechen und er mich zu dem Kloster begleiten wollte, in dem sich schon eine Freundin befand, die ich sehr gern hatte. Ich wäre aber auch bereit gewesen, in jedes andere Kloster einzutreten, von dem ich dachte, dass ich in ihm Gott besser dienen könne oder das mein Vater gewünscht hätte. Denn ich sah nun mehr auf das Heil meiner Seele, so dass mir die Annehmlichkeit nichts mehr bedeutete.

Ich erinnere mich noch ganz genau und wahrhaftig, dass Sterben nicht schlimmer sein konnte als das Gefühl, mit dem ich mein Vaterhaus verließ. Jeder Knochen schien sich mir aus dem Gelenk reißen zu wollen. Denn da ich ja keine Gottesliebe besaß, die mich hätte freimachen können von der Liebe zum Vater und zu den Verwandten, musste ich mich derart zwingen, dass ohne die Hilfe des Herrn meine innere Verfassung nicht zum Weitergehen gereicht hätte. Und er gab mir Mut und Kraft, mir selbst zu widerstehen, so dass ich das Vorhaben durchführte.

Als ich dann den Habit anlegte[16], gab mir der Herr zu verstehen, wie gnädig er denen ist, die sich selbst überwinden, um ihm zu dienen. Niemand bemerkte mein Wider-

Menschwerdungskloster in Ávila, in das Teresa am 2.11.1535 vom Elternhaus geflohen ist.

streben, man sah nur die größte Entschlossenheit. Und augenblicklich gab mir der Herr eine so große Freude über die Wahl des Ordensstandes, dass sie mich bis heute nicht verließ. Auch wandelte sich die Trockenheit meiner Seele in innigste Zärtlichkeit. Alles am Ordensleben machte mich glücklich, und es war tatsächlich so, dass, wenn ich gerade zu fegen hatte zu jenen Stunden, die ich sonst auf Kosmetik und Kleidung zu verwenden pflegte, mir der Gedanke, davon nun frei zu sein, eine ganz neue Freude bereitete, über die ich mich wunderte, weil ich nicht begreifen konnte, woher sie kam.

Wenn ich daran zurückdenke, kann man mir nichts auftragen, wie schwer es auch sei, dass ich in Angriff zu nehmen zögern würde. Denn ich besitze nun die lange

Erfahrung, dass, wenn ich mich gleich anfangs entschließe einzig Gott zuliebe etwas zu tun, er es gern sieht, wenn die Seele, ehe ich beginne, davor zurückschreckt und je mehr, desto besser, damit ihr Verdienst durch die Überwindung umso größer sei und sie dies nachher entsprechend genieße. Schon in diesem Leben belohnt uns seine Majestät auf Weisen, deren sich nur der erfreut, der sie versteht. Das weiß ich aus Erfahrung, die, wie gesagt, in manchem ziemlich schwer war. Und ich würde niemals raten – wenn jemand meine Meinung wissen wollte – dass man eine gute, immer wiederkehrende Eingebung nur aus Furcht nicht in die Tat umsetze. Denn tut man es ganz frei für Gott allein, muss man um keinen schlechten Ausgang bangen, da Gott doch mächtig ist in allem. Er sei gebenedeit in Ewigkeit, amen. –

[Teresa erkrankte und musste zur Kur:] Unterwegs gab mir der Onkel, bei dem ich [wieder] vorbeikam, ein Buch [von Francisco de Osuna]: Es hatte den Titel *Das dritte Abecedarium* und handelt von der Lehre des kontemplativen Gebets[17]. Und obwohl ich in meinem ersten Klosterjahr geistliche Bücher gelesen hatte, denn andere wollte ich nicht mehr, weil ich begriff, wie sie mir schaden konnten, wusste ich doch weder, wie ich im Gebet vorgehen noch wie ich mich sammeln sollte. Und so war ich sehr froh über dieses Buch und beschloss, dem darin aufgewiesenen Weg nach bestem Vermögen zu folgen (V 4; 1-2 u. 7). –

Weg der Wandlung

Ich wollte, ich könnte eine Vorstellung geben von der Gefangenschaft meiner Seele in jener Zeit! Ich sah sehr wohl, dass es so war, verstand aber die Ursache nicht. Und ich mochte auch nicht glauben, dass das, was meine Beichtväter leicht nahmen, so schlimm sein konnte, wie ich es im Tiefsten empfand. Einer von ihnen sagte, als ich mit meinen Skrupeln zu ihm kam, die Ablenkungen und Besuche meines Klosterlebens würden mich nicht einmal dann beeinträchtigen, wenn ich schon hohe Kontemplationserfahrung hätte.

Das war schon gegen Ende [dieser Phase], denn ich hatte mit Gottes Gnade gelernt, mich von den großen Gefahren fern zu halten. Aber ich entsagte den gelegentlichen Ablenkungen doch nicht ganz. Als die Beichtväter meine guten Absichten und mein Bemühen um das Gebet sahen, schien ihnen das viel. Meine Seele aber wusste, dass sie gegenüber Ihm, dem sie so viel schuldete, noch nicht ihr Mögliches tat. Ich bedaure sie heute wegen des vielen, das sie durchmachte und wegen der geringen Hilfe, die sie dabei erhielt, es sei denn von Gott. Und auch, weil man ihr die viele Freiheit für Vergnügen und Unterhaltung gab, die man für erlaubt erklärte.

Mein Zustand wurde mir beim Hören von geistlichen Ansprachen besonders schmerzlich bewusst. Ich war eine große Verehrerin von Predigten, und wenn jemand besonders gut und geistvoll sprach, wurde ich immer unwillkürlich von einer großen Liebe zu ihm ergriffen. Fast niemals schien mir eine Predigt so schlecht, dass ich sie nicht gern vernommen hätte, auch wenn die anderen, die sie mithörten, sie rügten. War sie aber gut, so diente sie mir zur ganz besonderen Erbauung.

Von Gott zu sprechen oder sprechen zu hören wurde mir fast nie zu viel, und zwar war es so, seit ich mit dem inneren Gebet begonnen hatte. So fand ich denn einerseits großen inneren Gewinn bei den Predigten, andererseits quälten sie mich. Denn sie zeigten mir, dass ich bei weitem noch nicht die war, die ich sein sollte. Aber es war wohl mein Fehler – so jedenfalls sehe ich es heute – , dass ich doch auch noch auf mich selber baute, statt mein ganzes Vertrauen in den Herrn zu setzen. Ich sann auf Abhilfe, war getreu in meinen christlichen Pflichten. Aber ich hatte einfach noch nicht verstanden, wie wenig das alles nützt, wenn wir nicht unser ganzes Vertrauen, statt auf uns selbst, in den Herrn setzen.

Ich wollte leben, denn ich erkannte sehr wohl, dass ich nicht lebte, sondern mit einem Todesschatten kämpfte. Und dass niemand da war, der mir Leben gegeben hätte, das ich mir nicht selbst verschaffen konnte. Der es mir aber hätte geben können, hatte Recht, wenn er mir nicht zu Hilfe kam, denn so oft schon hatte er mich sich zugewendet [»bekehrt«], ich aber verließ ihn wieder (V 8; 11-12). –

Die Seele war mir schon müde geworden, doch meine unguten Gepflogenheiten ließen sie nicht zur Ruhe kommen. Da geschah es eines Tages, als ich meinen Betraum betrat, dass ich ein Bildnis [eine Büste] erblickte, die man dort verwahrte, weil man sie für ein bevorstehendes Fest ausgeliehen hatte. Es war ein wundenbedeckter Christus, so ergreifend, dass mich sein Anblick tief erschütterte, denn man sah, was er für uns gelitten hatte. Ich empfand meine Undankbarkeit angesichts dieser Wunden so schmerzlich, dass es mir fast das Herz brach. Tränenüberströmt warf ich mich vor ihm nieder und flehte ihn an, mir Kraft zu geben, mich nie mehr an ihm zu versündigen.

Ich war eine große Verehrerin der seligen Magdalena, und sehr oft kam mir ihre Bekehrung in den Sinn, besonders bei der heiligen Kommunion. Denn wenn ich den Herrn mit solcher Gewissheit in meinem Innern wusste, meinte ich, dass er nun meine Tränen nicht abweisen könne und warf mich ihm zu Füßen. Ich wusste dann nichts zu sagen, es war ja schon genug, dass er es mir möglich machte, um seinetwillen zu weinen, zumal ich diese Betroffenheit so bald wieder vergaß. Und ich empfahl mich dann der heiligen Magdalena, damit sie für mich Verzeihung erlange.

Aber dieses letzte Mal, vor dem Bildnis, wie gesagt, scheint die Wirkung auf mich größer gewesen zu sein. Denn mein Selbstvertrauen war erschüttert, und ich setzte nun mein ganzes Vertrauen in Gott. Ich glaube, ich sagte ihm sogar, ich würde mich hier vom Boden erst wieder erheben, wenn er täte, um was ich flehte. Ich bin sicher, dass er mich erhörte, denn von da an ging es aufwärts mit mir.

Ich hatte folgende Art zu beten: Weil ich das logische Nachdenken meines Verstandes nicht gebrauchen konnte, versuchte ich mir Christus innerlich zu vergegenwärtigen. Und am leichtesten, so schien mir, fand ich ihn dort, wo ich ihn am einsamsten sah. Ich meinte, wenn er so allein und traurig war, brauche er jemanden zum Trösten und würde mir darum Zutritt gewähren. An solchen Einfältigkeiten war ich reich. –

Um noch einmal auf die Schwierigkeiten mit den Gedanken zurückzukommen, so ist es dieser Gebetsweise, die auf das diskursive Denken verzichtet, eigen, dass die Seele damit entweder viel gewinnt oder viel verliert. Ich meine, die Möglichkeit zur Betrachtung geht verloren. Kommt die Seele aber voran, so gewinnt sie viel, nämlich in der Fähigkeit des Liebens. Dahin aber zu gelangen, kostet viel. Ausgenommen bei jenen, die der Herr schnell zum Gebet der Ruhe führen will, ich kenne einige solcher Fälle. Für die Übrigen ist es nützlich, ein Buch zu haben, um sich rasch sammeln zu können. Mir half es auch immer, den Blick auf Felder, Wasser, Blumen zu richten[18]. In diesen Dingen fand ich die Spur des Schöpfers, das heißt sie regten mich an, konzentrierten mich und dienten mir so als Buch. Außerdem gemahnten sie mich an meine Undankbarkeit und Sünden. In himmlischen und erhabenen Dingen war mein Verstand so schwerfällig, dass ich sie mir nie und niemals vorzustellen vermochte, es sei denn, der Schöpfer zeigte sie mir auf ganz andere Weise.

Überhaupt besaß mein Verstand wenig Geschick, Dinge darzustellen, die ich nicht sah. Ich konnte mit meiner Einbildungskraft nicht umgehen wie andere Personen, die sich mit Hilfe einer inneren Vorstellung sammeln. Christus konnte ich mir immer nur als Menschen denken. Nie aber war ich fähig, ihn mir innerlich vorzustellen, so viel ich auch über seine Schönheit gelesen und Bilder betrachtet hatte. Es ging mir vielmehr so wie jemandem, der blind oder im Dunkeln ist und mit jemandem spricht, von dem er weiß, dass er da ist – ich meine, er merkt und glaubt, dass er da ist, aber er sieht ihn nicht. So ging es mir immer, wenn ich an unseren Herrn dachte. Darum habe ich eine solche Vorliebe für Bildnisse, und unselig sind, die sich schuldhaft von einem solchen Gut abkehren. Sie scheinen ja unseren Herrn nicht zu lieben, denn liebten sie ihn, würden sie sich doch freuen, sein Bild zu sehen, so wie man auch im täglichen Leben gern den abgebildet sieht, der einem lieb ist.

Damals gab man mir die *Bekenntnisse* des heiligen Augustinus. Der Herr muss das so gefügt haben, denn ich hatte weder danach verlangt noch waren sie mir je zu Gesicht gekommen. Ich bin eine große Verehrerin des heiligen Augustinus, denn ich war ja als weltliche Internatsschülerin in einem Kloster seines Ordens gewesen, und ich liebte ihn auch, weil er einst ein Sünder war. Die Heiligen nämlich, die der Herr zu sich bekehrt hat, waren mir immer ein großer Trost. Mir war, als könnten sie mir helfen, denn da der Herr ihnen vergeben hatte, konnte er das auch mit mir tun. Nur eines machte mich, wie ich schon gesagt hatte untröstlich, nämlich dass der Herr sie nur einmal gerufen hatte und sie nicht wieder fielen, ich aber immer wieder. Das quälte mich. Wenn ich dann aber seine Liebe zu mir bedachte, fasste ich wieder Mut, denn seinem Erbarmen habe ich nie misstraut. Mir aber viele Male.

Du liebe Güte, wie erschrecke ich jetzt über die Verhärtung meiner Seele, die doch so viele Hilfen von Gott empfing. Mir graust noch im Rückblick, wenn ich erkenne, wie wenig ich aus Eigenem vermochte und wie mich innere Fesseln hielten, so dass ich mich nicht entschließen konnte, mich ganz in Gottes Hände zu geben.

Als ich nun begann, in den *Bekenntnissen* zu lesen, meinte ich mich selbst darin wiederzufinden. Ich begann mich der Fürbitte dieses großen Heiligen sehr zu empfehlen. Als ich von seiner Bekehrung las und wie er jene Stimme im Garten vernahm[19], schien es mir nicht anders, als habe der Herr seinen Ruf an mich selbst gerichtet, so empfand es in meinem Herzen. Ich war für eine Weile ganz in Tränen aufgelöst und im Innern tief betrübt und erschüttert.

O mein Gott, wie leidet die Seele, wenn sie ihre Freiheit verlor, über die sie doch verfügen sollte, und welche Nöte macht sie durch! Ich wundere mich jetzt, wie ich in solcher Not leben konnte. Der Herr sei gelobt, der mir Leben gab, um aus diesem tödlichen Tod herauszukommen! (V 9; 1-8).

Es war mir, wie ich schon sagte[20], einige Male – allerdings nur sehr kurz – das geschehen, was ich jetzt berichten will: ich empfand die Nähe Christi und manchmal auch, beim Lesen, hatte ich plötzlich ein solches Gefühl der Gegenwart Gottes, dass überhaupt nicht daran zu zweifeln war. Er befand sich in meinem Innern oder ich war ganz in ihn versenkt.

Das war aber keineswegs eine Vision. Ich glaube, man nennt es *mystische Theologie* [mystische Erfahrung]. Es ist, als würde dabei die Seele über sich hinausgetragen: Der Wille liebt, das Gedächtnis scheint fast nicht mehr vorhanden, der Verstand stellt das Denken ein, so scheint es mir, aber er ist noch da. Doch ist er nicht tätig, sondern steht staunend vor dem Übermaß dessen, was ihm zu verstehen gegeben wird. Denn Gott will, dass er verstehe, wie gänzlich unverstehbar das ist, was seine Majestät ihm vorstellt.

Zunächst hatte ich eine lang anhaltende Zärtlichkeit empfunden, bei der wir zum Teil auch selbst ein wenig mitwirken können. Eine halb sinnenhafte, halb geistige Beglückung, aber doch ganz Gottes Geschenk. Das heißt, wir können dabei mithelfen, indem wir unsere Niedrigkeit und Undankbarkeit Gott gegenüber betrachten, und wie viel er für uns tat. Sein Leiden, seine schweren Schmerzen, sein Leben voller Betrübnis. Und andererseits, indem wir uns seiner Werke erfreuen, seiner Größe, seiner Liebe zu uns und vieler anderer Dinge (V 10; 1-2). –

Man muss [aus Gottes Gnaden] immer wieder Kraft zum Dienen gewinnen und sich dabei bemühen, nicht undankbar zu sein. Denn unter dieser Bedingung gibt sie der Herr. Machen wir jedoch keinen guten Gebrauch von diesen Schätzen und dem hohen Erfahrungsstand, wird uns alles wieder genommen und bleiben wir ärmer zurück als zuvor. Seine Majestät wird die Juwelen dann dem geben, an dem sie glänzen und der sie gut zu gebrauchen versteht für sich und andere. –

Ich berichte hier nur meine Erlebnisse, ganz wie man mir es aufgetragen hat [Teresa schreibt auf Wunsch des Beichtvaters]. Und sollte mir das nicht gelingen, zerreißen Sie doch bitte die zugesandten Blätter, Sie werden besser erkennen als ich, wenn es nicht taugt. Und ich bitte Sie um der Liebe Gottes willen, doch das über mein schlechtes Leben und meine Sünden Gesagte bekannt zu machen. Dazu gebe ich hiermit Ihnen und allen meinen Beichtvätern die Erlaubnis. Wenn Sie wollen, noch zu meinen Lebzeiten. Damit sich die Welt nicht weiter täusche, die meint, an mir sei etwas Gutes. Und gewiss und wahrlich sage ich, dass, so weit ich es jetzt beurteilen kann, ich froh darüber wäre.

Aber für das, was ich jetzt weiter schreiben will, gebe ich keine Erlaubnis zur Veröffentlichung[21]. Und selbst wenn Sie es jemandem zeigen sollten, dürfen Sie nicht sagen, wer diese Erfahrungen machte und beschrieb. Darum nenne ich auch in dem zu Schreibenden weder mich selbst noch sonst jemanden beim Namen, und ich will mich bemühen, alles so zu schreiben, dass man mich nicht erkennen kann, und um [diese Diskretion] bitte ich bei Gott! Gibt mir der Herr etwas Gutes zu sagen, so genügt es, wenn so gelehrte und ernsthafte Männer es als solches bestätigen. Denn ist es das, so stammt es vom Herrn und nicht von mir, die ich weder gelehrt bin noch ein gutes Leben führe, und weder von einem Gelehrten noch von sonst jemandem angeleitet. Denn nur jene, die mir dieses zu schreiben auftrugen, wissen davon, und zur Zeit sind sie nicht hier. Zudem muss ich mir die Zeit zum Schreiben nahezu stehlen, und immer mit Bedenken, denn ich muss dafür das Spinnen unterbrechen, das nötig ist in einem so armen Kloster, in dem ich überhaupt so viel zu tun habe[22]. Bei meinem bisschen Zeit würde es mir darum auch nichts nützen, wenn der Herr mir mehr Talent und Gedächtnis gegeben hätte, um auf Gehörtes und Gelesenes zurückzugreifen. Es bleibt also dabei: sage ich Gutes, dann nur, weil es der Herr für seine Zwecke so fügt. Das Schlechte aber kommt aus mir, und Sie [der Beichtvater] werden es tilgen.

Für das eine wie für das andere aber brächte es keinen Nutzen, meinen Namen zu nennen. Zu meinen Lebzeiten versteht es sich von selbst, dass man von meinem Guten nicht spricht. Und nach dem Tode gibt es keinen Grund, es würde dann höchstens sein Wesen als Gutes verlieren und keinerlei Glauben finden, weil es von einer so minderwertigen und erbärmlichen Person gesagt wurde.

Unter der Voraussetzung, dass Sie und die es sonst noch sehen werden [García de Toledo, Domingo Báñez, Juan de Ávila, vielleicht auch die Patres Ibáñez und Álvarez] so verfahren, wie ich sie um der Liebe Gottes willen bitte, schreibe ich frank und frei. Anders schriebe ich nur mit Skrupeln, außer wenn ich von meinen Sünden spreche,

Teresa von Ávila beim Schreiben eines Buches.
Porträt von Diego Rodríguez de Silva y Velázquez (1599-1660).
Im Privatbesitz, Madrid.

darin bin ich unbeschwert offen. Im Übrigen genügt es [für diese Aufgabe des schriftlichen Berichts] ja schon, eine Frau zu sein, um die Flügel hängen zu lassen, umso mehr als ungelehrte Frau[23]. Was also über die reine Erzählung meines Lebens hinausgeht, betrachten Sie bitte als nur für Sie bestimmt, da Sie mich so sehr gedrängt haben, etwas von den Gebetsgnaden, die Gott mir schenkte, zu berichten. Vorausgesetzt, es stimmt mit den Wahrheiten unseres heiligen katholischen Glaubens überein. Tut es das nicht, so verbrennen Sie es bitte, ich gebe meine Zustimmung. Ich werde also erzählen, was ich erfuhr, damit Sie, sofern es dem Glauben entspricht, einigen Nutzen daraus ziehen können. Stimmt es aber nicht überein, so werden Sie meine Seele desillusionieren[24], damit nicht der Teufel einen Gewinn habe, wo ich etwas zu gewinnen meine. Ich habe mich weiß Gott immer bemüht, jemanden zu finden, der mir Klarheit verschafft.

So sehr ich auch versuchen will, diese Gebetsdinge aufzuhellen, werden sie doch recht dunkel bleiben für den, der darin keine Erfahrung hat. Ich werde nach meinem Verständnis von einigen Hindernissen für das Vorankommen auf diesem Wege reden und von anderen Gefahren, die der Herr mich durch Erfahrung gelehrt hat. –

Der Herr sei gepriesen und bediene sich meiner, wie er es wünscht. Denn er weiß sehr wohl, dass ich nichts anderes erstrebe, als zu seinem Ruhm und der Erkenntnis seiner Größe ein klein wenig beigetragen zu haben – so weit sich eben eine schmutzige und übel riechende Müllhalde[25] in einen Garten voller lieblicher Blumen verwandeln lässt (V 10; 6-9).

Die erste Klostergründung

[Teresa hatte eine beeindruckende Höllenvision. Sie möchte nun die Mitmenschen, insbesondere die getauften, aber kirchlich getrennten, durch stellvertretendes Leben und Beten vor ewiger Verdammnis bewahren:]

Ich überlegte, was ich für Gott tun könne. Und ich dachte, vor allem müsse ich der Berufung leben, mit der seine Majestät mich ins Kloster gesandt hatte und meiner Ordensregel mit größtmöglicher Vollkommenheit folgen. In meinem Hause waren viele Dienerinnen Gottes und ihm wurde darin eifrig gedient, aber wegen der unzureichenden [ökonomischen] Mittel gingen die Nonnen häufig aus, um Orte zu besuchen, wo sie sich in aller Ehre und Frömmigkeit aufhalten konnten[26]. Darum war das Kloster auch nicht mehr auf die Strenge der ersten Regel gegründet, sondern folgte, wie ja der ganze Orden, dem päpstlichen Milderungserlass [von 1432].

Es gab aber noch mehr Unangemessenes. Zum Beispiel fand ich mich zu verwöhnt, denn das Kloster war weiträumig und angenehm. Aber diese Sonderregelung des Ausgangs, von der ich selbst den allermeisten Gebrauch machte, betraf mich ganz besonders, denn da waren einige Leute, die mich gern bei sich haben wollten. Und da meine Vorgesetzten diese sie bedrängenden Personen nicht gut abwimmeln konnten, sandten sie mich hin. Folglich konnte ich, je nach Auftragslage, nur selten im Kloster sein. Der Teufel half dabei offenbar nach, denn immerhin zog er großen Nutzen aus meiner Abwesenheit, weil es sich im Kloster als sehr hilfreich erwiesen hatte, wenn ich einige Schwestern lehrte, was ich selbst von anderen lernen durfte[27].

Eines Tages nun war ich mit einer Gruppe[28] zusammen und jemand daraus sagte, wenn wir auch nicht nach Art der Barfüßerinnen lebten, könnten wir doch dafür ein neues Kloster gründen. Ich, die ich mich schon länger mit solchen Wünschen trug, begann darüber ein Gespräch mit jener Dame[29], die mich als Witwe gern bei sich hatte und meinen Wunsch teilte. Sie entwarf Möglichkeiten, wie sie dem Kloster zu Einkünften verhelfen wollte. Rückblickend sehe ich, dass es mit dem allen nicht weit her war, aber unser Verlangen ließ es uns damals als machbar erscheinen.

Doch zögerte ich noch, denn ich war so gern in meinem Kloster, das ganz nach meinem Geschmack war und in dem ich eine Zelle hatte, die meinen Bedürfnissen entsprach. Folglich kamen wir überein, das Ganze Gott zu überlassen.

Eines Tages, nach der Kommunion, befahl mir Seine Majestät, das Projekt mit allen meinen Kräften voranzutreiben. Und er machte mir große Verheißungen: Wir sollten von dieser Klostergründung nicht ablassen, denn es würde ihm sehr darin gedient werden. Es solle San José heißen und die eine Pforte werde er selbst bewachen, die andere Unsere Liebe Frau. Und Christus würde bei uns sein und es werde ein Stern werden von großem Glanz. Und wenn auch die Orden nachlässig geworden seien, solle man doch nicht denken, man könne in ihnen nicht nützlich dienen. Denn was würde wohl aus der Welt, wenn es die Orden nicht gäbe? Zudem sollte ich meinem Beichtvater sagen, dass ER mir die Gründung befohlen habe und ER werde ihn bitten, sich nicht dagegen zu stellen und mich nicht zu behindern.

Diese Vision war so beeindruckend, und der Herr sprach zu mir in solcher Weise, dass ich nicht zweifeln konnte, dass er es war. Ich geriet in große innere Not, denn einerseits wurde mir klar, was da an Arbeit und Unruhe auf mich zukam, und andererseits, wie glücklich ich in meinem Kloster war. Denn wenn ich mich auch schon mit dem Gründungsgedanken beschäftigt hatte, war ich doch weder fest entschlossen noch der Durchführbarkeit sicher. Mir scheint, hier wurde Druck auf mich ausgeübt, und da ich sah, wie viel Aufregung damit eingeleitet würde, war ich im Zweifel, ob ich es tun sollte. Aber der Herr sprach mir immer wieder davon, stellte mir so viele Gründe und Pluspunkte und dazu seinen Willen so klar vor Augen, dass ich nichts anderes mehr wagte, als es meinem Beichtvater [Baltasar Álvarez] zu sagen. Und so schrieb ich ihm denn alles, was geschehen war.

Er mochte mir nicht direkt sagen, ich möge es lassen, sah aber, dass ich mich auf einen unvernünftigen Weg begab. Denn die Möglichkeiten meiner Freundin, die es finanzieren sollte, waren gering oder gleich Null. So trug mir der Beichtvater auf, es mit meinem Oberen [dem Provinzial Angel de Salazar] zu besprechen und nach seinem Rat zu handeln.

Ich aber sprach nicht mit dem Oberen über meine Visionen. Stattdessen verhandelte mit ihm jene Dame, die das Kloster finanzieren wollte. Und der Provinzial reagierte sehr positiv, denn er ist ein Freund aller Ordensbestrebungen. Er versprach ihr jeden notwendigen Beistand und war bereit, das Kloster unter seine Jurisdiktion zu nehmen. Sie überlegten, welche Einkünfte es haben müsse. Und aus verschiedenen Gründen kamen wir überein, dass es nicht mehr als dreizehn Nonnen haben solle.

Noch vor diesen Verhandlungen aber hatten wir an den heiligen Fray Pedro de Alcántara[30] geschrieben und das ganze Vorhaben berichtet. Dieser riet uns, es nicht zu unterlassen und teilte uns zu allem seine Ansicht mit.

Kaum hatte es sich am Ort herumgesprochen, als eine ganz unbeschreibliche Verfolgung über uns hereinbrach – man redete, lachte und nannte es Unsinn. Was mich betraf, so sollte ich nur schön in meinem Kloster bleiben! Gegen meine Freundin setzte eine solche Hetze ein, dass ihr der Plan verleidet wurde. Ich wusste nicht mehr, was ich tun sollte. Zum Teil schien mir auch, sie hätten Recht.

So ganz am Ende meiner Kräfte befahl ich mich Gott. Seine Majestät begann mich zu trösten und aufzurichten. Er sagte mir, ich könne nun sehen, wie es den heiligen Ordensgründern ergangen sei, und dass ich noch viel mehr Verfolgung erleiden müsse, als ich mir vorstellen könne, doch würde es uns nicht schaden. Und er sagte mir einiges, was ich meiner Freundin weitersagen sollte. Worüber ich am meisten staunte, war, wie schnell wir nun über das Durchgemachte hinwegkamen und mutig bereit waren, allen zu widerstehen. Fand sich doch im ganzen Ort einschließlich der Beter kaum jemand, der nicht gegen uns war und unseren Plan nicht für größten Unsinn hielt.

In meinem eigenen Kloster wurden das Gerede und die Empörung so schlimm, dass es für den Provinzial schwer wurde, sich allen entgegenzustellen. Also änderte er seine Meinung und wollte die Gründung nicht mehr unter seine Jurisdiktion nehmen. Er gab vor, die Einkünfte seien zu unsicher, zu gering und der Widerstand zu groß. Und in allem schien er Recht zu haben. Kurz, er gab auf und zog seine Zustimmung zurück.

Uns, die wir nun schon die ersten Rückschläge eingesteckt hatten, schmerzte das sehr. Mich traf es besonders, den Provinzial so gegen uns zu wissen, denn mit seiner Einwilligung wäre ich in aller Augen gerechtfertigt gewesen. Meiner Freundin wollte man bei der Beichte schon keine Absolution mehr erteilen, wenn sie nicht von dem Vorhaben abließ, denn sie sei verpflichtet, so sagte man, den Skandal zu vermeiden (V 32; 9-14). –

Mir schien es ganz unmöglich, das Unternehmen aufzugeben, so sehr glaubte ich an die Echtheit der Offenbarung, die weder der Heiligen Schrift noch unserer Verpflichtung zum Halten der Kirchengebote widersprach. –

Unsere Sache war dann unter unablässigem Beten so weit gediehen, als dass ich ein gut gelegenes Haus gekauft hatte. Dass es klein war, machte mir nichts, denn der Herr hatte mir gesagt, ich solle einziehen, wie ich eben könne, danach würde ich dann sehen, was seine Majestät tun werde. Das sah ich dann auch, und wie! Und wenn mir selbst auch das Einkommen gering schien, vertraute ich doch dem Herrn, dass er das mit anderen Mitteln regeln und uns beistehen werde (V 32; 17-18). –

Ich war nun verhasst in meinem ganzen Kloster, weil ich eines mit strengerer Klausur errichten wollte. Die Nonnen erklärten dies als Provokation, da ich doch Gott auch bei ihnen dienen könnte, wie es andere taten, die besser waren als ich. Und ich hätte keine Liebe zu meinem Kloster, dem ich besser die Einkünfte hätte verschaffen sollen, statt sie einem anderen zuzuwenden. Einige wollten mich sogar ins Klostergefängnis stecken. Andere, sehr wenige, verteidigten mich in etwa. Ich sah sehr wohl, dass meine Gegnerinnen in vielem Recht hatten, und mehrmals versuchte ich Ihnen meine Gründe darzulegen. Aber den Hauptgrund, dass es mir nämlich der Herr aufgetragen habe, konnte ich nicht sagen. Darum war ich bald ratlos, und so schwieg ich denn wieder. Ich konnte nie aufhören zu glauben, dass das Werk getan werden sollte, und obwohl ich weder Mittel noch Wege dafür sah, hielt ich es dennoch für gewiss. –

Doch auch der Teufel war tätig und verbreitete die Kunde, dass ich in dieser Angelegenheit eine Vision gehabt hatte. Und so kamen einige voll Sorge zu mir, um mir zu sagen, dass die Zeiten rüde seien und man zur Inquisition laufen und mich anzeigen könne. Das fand ich komisch, und ich musste lachen, denn in dieser Hinsicht war ich nie ängstlich gewesen. Ich war meiner selbst in Glaubensdingen so sicher, dass ich mich bereit wusste, für die kleinste Zeremonie der Kirche, für die Kirche selbst oder für eine jegliche Wahrheit der Heiligen Schrift tausend Tode zu sterben. Und ich sagte ihnen, sie sollten sich deshalb nicht ängstigen. Denn es würde ja schlecht um meine Seele stehen, wenn es darin etwas gäbe, das mich die Inquisition fürchten machte. Wenn ich dächte, da sei etwas, würde ich mich selbst der Untersuchung stellen. Wenn es sich aber um Verleumdung handele, würde der Herr mich befreien und würde ich letztlich mit Gewinn aus dem allen hervorgehen (V 33; 2,5). –

[Eine Zeit lang gibt es Rückschläge, das Werk scheint aufgegeben. Aber dann kommen neue Ermutigungen:]

Mein Beichtvater gab mir wieder Erlaubnis, mich mit allen Kräften für das Vorhaben einzusetzen. Ich sah sehr wohl die Mühsal, die damit auf mich zukam, war ich doch allein und hatte nur sehr geringen Handlungsspielraum. Wir kamen überein, unser weiteres Vorgehen geheim zu halten. So brachte ich es fertig, dass eine meiner Schwestern [Juana], die nicht in Ávila wohnte, das Haus kaufte und zum Schein für sich selbst herrichten ließ, und zwar mit

Geldern, die uns der Herr beschaffte und von deren Wegen zu berichten hier zu lang würde. Denn ich achtete sehr darauf, nicht gegen den Gehorsam zu verstoßen, wobei mir aber auch klar war, dass alles verloren wäre, wenn meine Vorgesetzten etwas davon erführen. Das hatte ich ja schon erlebt [mit dem Umfallen Salazars], und diesmal wäre alles noch schlimmer geworden.

Bezüglich des Geldes lag die ganze Last allein auf meinen Schultern: Seine Beschaffung, seine Verwaltung und sein Einsatz. Denn wenn auch meine Freundin tat, was sie konnte, vermochte sie doch nur wenig, sehr wenig oder nichts, außer dass sie ihren Namen hergab und uns ihr Wohlwollen schenkte. Alle große Arbeit blieb mir vorbehalten und war so vielfältig, dass ich mich jetzt wundere, wie ich es schaffen konnte. Manchmal sagte ich betrübt: Mein Herr, warum trägst du mir schier Unmögliches auf? Ich bin doch nur eine Frau – aber hätte ich Freiheit! So aber, ringsum behindert, weder mit Geld versehen noch mit der Möglichkeit, es zu beschaffen, weder für ein Breve noch überhaupt für irgend etwas – was kann ich denn machen, Herr? (V 33; 11). –

[Anfang 1562 wird Teresa wieder angefordert und zu einer adeligen Dame nach Toledo gesandt, um sie in ihrer Witwenschaft zu trösten: *Doña Luisa de la Cerda*. Teresa bleibt dort ein gutes halbes Jahr, dann bricht sie wieder nach Ávila auf:]

Die Abreise aus dieser Stadt [Toledo] stimmte mich freudig, und ich war fest entschlossen, von ganzem Herzen alles auf mich zu nehmen, womit dem Herrn gedient wäre.

Noch am Abend meiner Ankunft traf aus Rom das Breve[31] mit der Gründungsvollmacht ein. Ich staunte – und alle taten es – über die Eile, mit der der Herr mich zur Rückreise bewegt hatte. Man ersah daraus die große Notwendigkeit und wie der Herr mich genau zum rechten Zeitpunkt kommen ließ. Ich fand hier nämlich den Bischof vor mit dem heiligen Pedro de Alcántara, dazu noch einen Caballero[32], der ein großer Diener Gottes war und den heiligen Mann in seinem Hause beherbergte. Denn er war ein Mensch, bei dem jene, die für Gott lebten, immer Schutz und Aufnahme fanden.

Die beiden erreichten beim Bischof, dass er das Kloster unter seine Jurisdiktion nehmen wollte. Das war nicht wenig, weil es doch arm war. Aber der Bischof schätzte so sehr Menschen, die er entschlossen sah, dem Herrn zu dienen, dass er gern bereit war, es unter seine Fittiche zu nehmen. Und da dieser heilige Alte [Pedro de Alcántara] es befürwortete und sich bei den einen und anderen dafür einsetzte, dass sie uns halfen, war es im Grunde er, der alles bewirkte. Hätte es nicht dieses besagte Zusammentreffen gegeben, weiß ich nicht, wie ein Gelingen möglich gewesen wäre. Zudem blieb der heilige Mann nicht lange – acht Tage nur, glaube ich – und war schon sehr krank, so dass ihn der Herr kurz darauf zu sich nahm [am 18. Oktober 1562]. Es sieht so aus, als habe er ihn für die Durchsetzung dieses Werks aufbewahrt, denn schon lange – ich meine, mehr als zwei Jahre – war es ihm gesundheitlich sehr schlecht gegangen.

Alles geschah ganz im Geheimen, denn anders hätte man nichts machen können, weil, wie sich später zeigte, die Bevölkerung dagegen war. Der Herr fügte es, dass ein Schwager von mir erkrankte und seine Frau [Teresas jüngere Schwester, die für sie das Haus gekauft hatte] nicht da

Das 1562 erst gegründete Kloster San José in Ávila, gezeichnet von Hye Hoys (1866-1867).

war. Dadurch kam er in solche Not, dass ich Erlaubnis erhielt, bei ihm zu bleiben. So kam es, dass niemand etwas merkte, und die wenigen, die Verdacht geschöpft hatten, mochten es nicht glauben. Es war wirklich zum Staunen, denn er war nicht länger krank als für das Unternehmen nötig. Und als er wieder Gesundheit brauchte, damit ich frei würde von seiner Pflege und er das Haus unbesorgt verlassen könnte, gab Gott sie ihm zurück, so dass es ihm wie ein Wunder vorkam.

Ich hatte noch viel Arbeit mit den Verhandlungen, mit den Handwerkern, damit das Haus fertig werde und sich als Kloster eigne. – Als alles fertig war, gefiel es dem Herrn, dass am Tage des heiligen Bartholomäus [24. August] das heiligste Sakrament eingesetzt wurde und einige Kandidatinnen[33] das Ordenskleid bekamen. Nun war das Kloster unseres glorreichen Vaters San José im Jahre 1562 rechtskräftig und ordnungsgemäß gegründet. Ich selbst übergab die Ordenskleider, assistiert von zwei Schwestern unseres Menschwerdungsklosters, die Ausgang erhalten hatten. –

Ich fühlte mich wie im siebenten Himmel, als ich sah, wie das heiligste Sakrament eingesetzt wurde und vier arme Waisen aufgenommen waren. Denn man verlangte keine Mitgift, und es handelte sich um große Dienerinnen Gottes. Denn dies war die Bedingung von Anfang an: dass nur Personen aufgenommen würden, die mit ihrem Vorbild das Fundament legten für das angestrebte Ziel eines Lebens der Vollkommenheit und des Gebets. Nun war das Werk vollbracht, wie ich es verstand und erstrebte, um unserem Herrn zu dienen und das Kleid seiner glorreichen Mutter [das Ordenskleid] zu ehren (V 36; 1-6). –

Drei oder vier Stunden, nachdem alles vorüber war, lieferte mir der Teufel eine innere Schlacht, wie ich jetzt erzählen will. Er stellte mich vor die Frage, ob ich mit dem, was ich getan hatte, nicht schlecht gehandelt und gegen den Gehorsam verstoßen hätte, indem ich alles ohne Auftrag des Provinzials vorantrieb. Ich hatte freilich sehr wohl vermutet, dass es ihn ärgern würde, das Kloster nun dem Bischof unterstellt zu sehen. Aber andererseits wollte er es ja nicht mehr übernehmen, insofern blieb ich ihm gegenüber im Gehorsam, wenn ich davon ausging, dass es ihn nicht mehr interessiere. Ich fragte mich weiter, ob denn die Bewohnerinnen sich wohlfühlen könnten in solcher Enge, ob sie genug zu essen haben würden, und ob es nicht Unsinn gewesen sei, mich um dieses Kloster zu bemühen, wo ich doch schon eines hatte?

Alles, was mir der Herr aufgetragen hatte, alle die Gutachten und die unaufhörlichen Gebete von mehr als zwei Jahren waren aus meinem Gedächtnis geschwunden, so, als habe es sie nie gegeben. Ich kannte nur noch meine eigene Meinung, aller Glaube und alle Tugenden waren fort, nichts wirkte mehr und verteidigte mich gegen all die Attacken.

Der Teufel stellte mir auch vor, wie ich es denn aushalten wollte in dieser Enge und großer Strenge mit meinen vielen Krankheiten, und dass ich ein schönes großes Haus verlassen wollte, in dem ich immer glücklich gewesen war und wo ich so viele Freundinnen hatte. Vielleicht wären ja die neuen Schwestern gar nicht nach meinem Geschmack, vielleicht hatte ich zu viele Verpflichtungen übernommen, vielleicht würde ich verzweifeln und hatte dies der Teufel mit allem bezweckt: Mir den Seelenfrieden zu rauben, damit ich mich nicht mehr ins Gebet versenken könne, ruhelos würde und so meine Seele verlöre. –

[Aber Teresa nimmt Zuflucht zum heiligen Altarsakrament:] Und ich versprach, alles zu tun, was ich nur konnte, um die Erlaubnis zu bekommen, in das neue Haus überzusiedeln und hier die Klausur zu geloben, sobald ich es guten Gewissens tun könne.

Kaum hatte ich innerlich so gesprochen, da wich der Teufel augenblicklich von mir. Und ich blieb ruhig und zufrieden zurück und war und bin es noch. Alles was in diesem Hause [dem Kloster San José] mit Klausur, Buße und Ähnlichem zu tun hat, ist mir lieb und fällt mir leicht. Ich bin so überaus glücklich, dass ich mich manchmal frage, was es denn auf Erden noch Schöneres für mich geben könne (V 36; 7-10). –

Zwei oder drei Tage später versammelten sich der Bürgermeister und einige maßgebliche Herren des Stadtrates und aus dem Domkapitel. Sie beschlossen einstimmig, dass das neue Kloster keinesfalls zu dulden sei und dass es dem Gemeinwesen schade. Das heiligste Sakrament sollte wieder weggeholt werden, und man könne in keiner Weise eine Fortsetzung der Gründung zulassen. Und nun beriefen sie alle Orden ein, für jeden zwei gelehrte Vertreter, um ihre Meinung zu äußern. Einige schwiegen, andere verurteilten. Schließlich kamen sie überein, dass das Ganze wieder aufzuheben sei. Nur ein Praesentatus aus dem Dominikanerorden[34] sagte – obwohl er zwar nicht gegen das Kloster, wohl aber gegen die Armut war –, es handele sich nicht um etwas, das man wieder aufheben könne. Man solle es sich wohl überlegen, es habe ja keine Eile und sei schließlich Sache des Bischofs. Und er sagte Weiteres von großer Wirkung. So legte sich glücklicherweise die Wut und wurde nicht gleich in Zerstörung umgesetzt. Kurz, es geschah, was geschehen musste. Denn da der Herr es wünschte, vermochten alle nur wenig gegen seinen Willen (V 36; 15). –

In der Nacht erschien mir der heilige Pedro de Alcántara, der gestorben war. Aber noch vor seinem Tode hatte er, der über all den Widerstand und die Verfolgung, die wir erduldeten, informiert war, mir brieflich mitgeteilt, er freue sich, dass unsere Gründung auf so viel Protest stoße, denn das sei ein Zeichen, dass dem Herrn mit diesem Kloster sehr gedient sein würde. Darum stemme sich der Teufel dagegen, so sehr er nur könne. Und das Kloster dürfe auf keinen Fall feste Einkünfte haben. Das hatte er mir zwei oder dreimal in dem Brief versichert, und, so schrieb er, wenn ich mich danach richte, werde alles nach Wunsch laufen. Er war mir nach seinem Tode schon zweimal erschienen, und in seiner großen Herrlichkeit war dies für mich kein Grund zur Furcht, sondern zur Freude. Denn immer erschien er mir als ein verklärter Leib voller Glorie, und es war für mich eine allergrößte Erbauung, ihn so zu sehen. Ich weiß noch, dass er mir das erste Mal bei seinem Erscheinen sagte, wie glücklich er sei und wie froh über sein Büßerleben, das ihm einen solchen Lohn eingetragen habe.

Da ich davon schon berichtet habe[35], möchte ich jetzt von diesem [letzten] Mal nur erzählen, dass er mir Strenge zeigte und nichts anderes sagte als: ich dürfe mich in keiner Weise auf Einkünfte einlassen. Und warum ich denn eigentlich seinen Rat nicht befolgen wolle? Dann verschwand er (V 36; 20, 21).

[Teresas Konzept setzt sich allmählich durch. Sie darf in das neue Kloster umziehen und ist sehr zufrieden mit den neuen Schwestern:]

Sie kennen keine andere Sprache, als von Gott zu reden. Und so verstehen sie nur den und werden nur von dem verstanden, der die gleiche Sprache spricht. Wir halten die Ordensregel Unserer Lieben Frau vom Berge Karmel ohne Milderung, so, wie Hugo, Kardinal von Santa Sabina sie im Jahre 1248 [1247] festgelegt hatte[36], im fünften Pontifikatsjahr des Papstes Innozenz IV. –

Mir scheint, dass alle vergangenen Mühen gut angewendet waren. – Und ich vertraue auf den Herrn, dass das Begonnene sich fortsetzen wird, so wie seine Majestät es mir gesagt hat (V 36; 25, 27).

Gründungsauftrag

Unsere Ordensgeneräle residieren immer in Rom, und noch nie war einer nach Spanien gekommen[37]. So schien es auch jetzt ein Ding der Unmöglichkeit, dass der General kommen würde. Weil aber für unseren Herrn nichts unmöglich ist, fügte es seine Majestät, dass das nie Geschehene nun Wirklichkeit wurde. Ich aber, als ich es erfuhr, geriet dadurch unter Druck. Denn, wie schon anlässlich der Gründung von San José [in Ávila] dargelegt wurde, war dieses Haus nicht der Befehlsgewalt des Ordens unterstellt[38]. Ich fürchtete zwei Dinge: Erstens, dass der General über mich verärgert sein könnte, und, da er den Hergang der Sache nicht kannte, mit Recht. Zweitens, dass er mir befehlen würde, ins Menschwerdungskloster mit seiner gemilderten Regel zurückzukehren. Das wäre für mich trostlos gewesen aus vielen Gründen, von denen ich hier nur einen nenne: ich könnte dort nicht die Strenge der ursprünglichen Regel einhalten. Zudem lebten dort mehr als einhundertfünfzig Nonnen, es gibt natürlich mehr Eintracht und Ruhe bei einer kleineren Zahl.

Aber unser Herr fügte alles besser, als ich gedacht hatte. Denn unser General ist so bemüht, ihm zu dienen und ist so klug und gebildet, dass er das Gute dieses Werkes sah und mir keinerlei Missfallen zeigte. Er heißt Juan Bautista Rubeo[39], stammt aus Ravenna und wird mit Recht im Orden hoch geschätzt. –

Als er in Ávila angekommen war, bemühte ich mich um seinen Besuch in San José, und der Bischof wünschte, dass man dem General die gleichen Ehren erweise wie ihm selbst. Ich legte dem General in aller Offenheit und Wahrheit Rechenschaft ab, denn es ist meine Art, so den geistlichen Vorgesetzten zu begegnen, möge daraus kommen, was da wolle. Sind sie doch als Stellvertreter Gottes eingesetzt. Ein Gleiches gilt für die Beichtväter. Würde ich nicht so verfahren, empfände ich keine Sicherheit für meine Seele. So legte ich ihm also von ihr und fast meinem ganzen Leben, so wenig es auch taugt, Rechenschaft ab. Er tröstete mich sehr und versicherte, dass er mir nicht befehlen werde, mein Kloster hier zu verlassen.

Er freute sich sehr über unser Lebensweise und sah darin ein wenn auch unvollkommenes Abbild der Anfänge unseres Ordens, da nun die ursprüngliche Regel in aller Strenge gehalten wurde, wie man es sonst in keinem unserer Klöster mehr findet, weil alle nach der gemilderten Regel leben[40]. Und da der General beabsichtigte, diese Ursprünge voranzubringen, gab er mir sehr umfassende Vollmachtbriefe [Patente] für weitere Klöster, zudem mit Strafbestimmungen, falls ein Provinzial mich daran hindern wollte. Ich hatte nicht um diese Vollmachten gebeten, aber er hatte aus meiner Art des Betens entnommen, wie sehr mir daran lag, die eine oder andere Seele Gott näher zu bringen.

Nach diesen Mitteln hatte ich nicht gestrebt, eher schien mir das Ganze unsinnig. Denn ich verstand sehr wohl, dass ich hier als ungelehrte[41] Frau nichts tun konnte. Aber wenn in der Seele solche Wünsche aufsteigen, steht es ihr nicht frei, sie abzuweisen. Die Liebe, die Gott zufrieden stellen möchte und der Glaube machen möglich, was die Natur verweigert. Und so, als ich den großen Wunsch unseres hochwürdigen Generals wahrnahm, dass weitere Klöster gegründet werden möchten, stand mir schon alles fertig vor Augen.

Ich bedauerte es sehr, als ich bemerkte, dass unser General sich zur Rückkehr nach Rom rüstete. Er war mir so lieb geworden und mir schien, dass ich schutzlos zurückbliebe. Er seinerseits erwies mir viele und große Gunst, und immer, wenn er sich freimachen konnte, kam er, um über geistliche Dinge zu sprechen als ein Mensch, der vom Herrn große Gnaden empfangen haben muss. Es war uns dann immer eine Freude, ihn zu hören. Noch vor seiner Abreise versuchte unser Bischof Don Álvaro de Mendoza, dem sehr daran liegt, jene zu fördern, die erkennen lassen, dass sie Gott vollkommener dienen möchten, eine Erlaubnis [Lizenz] zu erlangen, dass in seinem Bistum auch Mönchsklöster für das Leben nach der ursprünglichen Regel gegründet würden. Noch weitere Personen baten darum. Der General hätte es gern gewährt, aber er stieß auf Widerstand im Orden. So unterließ er es zunächst, denn er wollte keine Unruhe in der Provinz schaffen.

Einige Tage nach seiner Abreise dachte ich darüber nach, wie sehr wir, wenn wir Nonnenklöster gründeten, auch Mönchsklöster brauchten, die nach der gleichen Regel lebten[42]. Und da es in unserer Provinz so wenige [karmelitische Mönche] gibt, dass mir schien, sie könnten aussterben, schrieb ich, nachdem ich die Angelegenheit unserem Herrn im Gebet eindringlich empfohlen hatte, an unseren Pater General einen Brief. Darin bat ich ihn mit aller mir möglichen Intensität um Gewährung, und ich legte ihm die Gründe dar, warum damit Gott ein großer Dienst erwiesen würde. Ich sagte auch, dass die Schwierigkeiten, die es geben könnte, nicht ausreichen, um ein so gutes Werk zu unterlassen und stellte ihm vor, welchen Dienst er damit unserer Lieben Frau erweisen würde, die er sehr verehrte.

Teresa führt im Beisein des Fürsten Eboli und seiner Frau die ersten Karmeliter des Klosters in Pastrana ein.
Fresko aus dem 17. Jh. in diesem Kloster.

Sie war es denn wohl auch, die das Weitere lenkte. Denn er erhielt meinen Brief während seines Aufenthaltes in Valencia, und von dort[43] sandte er mir die Erlaubnis zur Gründung zweier [Mönchs-] Klöster. Damit bekannte er sich zum Wunsche nach vollkommener Observanz im Orden. Damit sich kein Widerspruch erhebe, machte er die Zustimmung des jetzigen Provinzials und seines Vorgängers[44] zur Auflage, was sehr schwer zu bekommen war. Aber da ich das Wichtigste schon verwirklicht sah, setzte ich meine Hoffnung in den Herrn, dass er das Übrige tun werde. Und so geschah es, denn mit der Befürwortung des Bischofs, der diese Angelegenheit ganz zur seinen machte, willigten beide ein.

Einerseits durch die Erlaubnis getröstet, wuchs doch andererseits meine Sorge, denn ich kannte in der Provinz keinen Mönch, der es ins Werk setzen könnte und auch keinen Geistlichen, der ein solches Beginnen wagen würde. Ich tat nichts anderes mehr als unseren Herrn anzuflehen, doch eine geeignete Person zu berufen. Ebenso wenig hatte ich ein Haus oder das Geld, um eines zu kaufen. Da saß nun eine arme unbeschuhte Nonne ohne Hilfe von irgendeiner Seite, es sei denn vom Herrn. Zwar bestens ausgerüstet mit Vollmachten und guten Absichten, aber ohne jegliche Möglichkeit, sie in die Praxis umzusetzen. Ich verlor aber weder Mut noch Hoffnung, denn wenn der Herr das eine gegeben hatte, würde er auch das andere hinzutun. Schon schien mir alles möglich, und so machte ich mich denn ans Werk. O Größe Gottes! Wie zeigst du deine Macht, wenn du einer Ameise Kühnheit verleihst! (F 2; 1-7). –

In der Stadt Toledo lebte ein ehrenwerter Mann, ein großer Diener Gottes, von Beruf Kaufmann[45], der sich niemals verheiraten, sondern ein dezidiert christliches Leben führen wollte. Ein Mann von großer Wahrhaftigkeit und Rechtschaffenheit. Mit ehrbarem Handel hatte er sein Vermögen zusammengebracht in der Absicht, es für ein gottgefälliges Werk einzusetzen. Doch wurde er todkrank. Er hieß Martín Ramírez. –

[Auf Anraten eines Jesuiten entschloss er sich, sein Vermögen Teresa für eine Klostergründung zur Verfügung zu stellen]. Es ging ihm aber schon so schlecht, dass er sah, er würde das selbst nicht mehr ordnen können. Darum legte er alles in die Hände eines seiner Brüder, Alonso Álvarez Ramírez, und damit rief ihn Gott auch schon zu sich[46]. Seine Entscheidung war gut, denn dieser Alonso Álvarez erwies sich als ein höchst kluger und gottesfürchtiger Mann, wahrhaftig und mildtätig, dazu mit aller Vernunft versehen, wie ich, die ich viel mit ihm verhandelte, aus Erfahrung bezeugen kann. –

[Aber auch er wurde krank. Nun sandte ein Franziskaner einen jungen Mann namens Andrada, »nicht eben reich, sondern sehr arm«:]

Er traf mich eines Tages nach der Messe in einer Kirche und sprach mit mir. Dabei erzählte er, was ihm jener Franziskaner gesagt hatte und meinte, es sei gewiss, dass er für mich tun würde, was er könne, wenn ihm auch nichts zur Verfügung stehe als die eigene Person. Ich dankte ihm und der Anblick dieser Hilfe, die der Heilige [Franziskaner] uns gesandt hatte, erheiterte mich ein wenig und meine Begleiterinnen noch mehr, denn seine Kleidung war nicht für den Umgang mit Unbeschuhten Nonnen geeignet. –

[Teresa ist in einer schwierigen Lage, weil Toledos Adel wegen der Maurenrebellion in Granada dort kämpfen muss, also abwesend ist. Es gibt keine Verkaufsangebote. Sie will darum lieber nur ein Haus mieten – aber wie es finden? Sie lässt, trotz des Spottes ihrer Begleiterinnen, den jungen Andrada wieder kommen:]

Ich legte ihm unter dem Siegel der Verschwiegenheit unsere Lage dar und bat ihn, mir ein Haus zu suchen, für die Miete hätte ich einen Bürgen. Das war der gute Alonso Álvarez, der mir wie gesagt krank geworden war. Andrada nahm alles leicht und versprach, er würde mir das Haus suchen. Also, am nächsten Morgen, als ich zur Messe bei den Jesuiten war, kam er, wollte mich sprechen und sagte, er habe das Haus, und hier seien die Schlüssel, und wegen der Nähe könnten wir gleich gehen und es ansehen! Das taten wir, und es war so gut, dass wir darin fast ein ganzes Jahr blieben (F 15; 1-7). –

Da wir so zufrieden mit dem Haus waren, ordnete ich an, dass wir es in Besitz nähmen, ehe darin auch nur das Geringste hergerichtet würde, damit nicht noch etwas dazwischenkomme[47]. Und kurz darauf kam der besagte Andrada, um mir mitzuteilen, dass es noch heute geräumt werde und wir mit unserem Hausrat einziehen könnten. Ich sagte ihm, da sei nur wenig zu tun, denn wir hätten nichts als zwei Strohsäcke und eine Decke. So musste er sich sehr wundern. Meinen Begleiterinnen gefiel es nicht, dass ich das gesagt hatte, denn sie meinten, weil er aus dem Gesagten unsere Armut ersehe, würde er uns nicht mehr helfen wollen. Ich ging nicht darauf ein und ihn kümmerte es nicht. Denn der ihm diesen guten Willen gegeben hatte, musste ihn auch weiterführen, bis sein Werk getan war. Und es war so, dass wir ihn bezüglich des Eifers, mit dem er das Haus einrichten und Handwerker besorgen half, nicht zu übertreffen schienen.

Das 1569 gegründete Kloster in Toledo, gezeichnet von
Hye Hoys (1866-1867).

Wir liehen uns, was man zum Messelesen braucht und begaben uns bei Anbruch der Nacht mit einem Glöckchen zur Besitznahme. Es war ein Glöckchen, wie man es zur Wandlung läutet, ein anderes hatten wir nicht. Wir verbrachten die ganze Nacht mit dem Einrichten, ich immer in Angst. Doch gab es keinen Raum für die Kapelle, es sei denn jener, der dem Nachbarhäuschen als Eingang diente. Dort lebten ein paar Frauen, und der Besitzer hatte es ebenfalls an uns vermietet.

Bei Morgengrauen, als wir mit allem fertig waren, begannen wir die nach dort vermauerte Tür aufzubrechen, die in einen kleinen Innenhof führte. Wir hatten nicht gewagt, die Frauen vorher zu benachrichtigen, damit sie uns nicht verrieten. Sie lagen noch im Bett, und als sie die Stöße hörten, erhoben sie sich voller Schrecken. Wir hatten große Mühe, sie zu beruhigen, aber die Stunde war schon gekommen, da man die Messe las, und wenn die Frauen auch unangenehm wurden, taten sie uns doch nichts. Denn als sie erkannten, um was es ging, besänftigte der Herr ihre Gemüter.

Später sah ich ein, wie schlecht wir gehandelt hatten, aber damals waren wir wie berauscht von dem Werk, das Gott uns auferlegt hatte. Dabei nimmt man das Unpassende nicht wahr. Als jedoch die Hauseigentümerin, die Frau eines Majoratsherrn, erfuhr, dass wir eine Kapelle eingerichtet hatten, gab es Ärger. Sie war außer sich. Aber bei dem Gedanken, dass wir das Haus bei Gefallen zu einem guten Preis kaufen würden, beruhigte sie sich Gott sei Dank.

Als nun jedoch die Ratsherren erfuhren, dass die Gründung, zu der sie niemals die Erlaubnis gegeben hätten, vollzogen war, empörten sie sich und begaben sich zum Haus eines Domherrn, den ich in unser Geheimnis eingeweiht hatte. Sie sagten, sie wollten scharf gegen mich vorgehen. Da der Oberhirte der Diözese, von dem ich die Erlaubnis hatte, gleich anschließend die Gelegenheit zu einer Reise genutzt hatte, war er nicht anwesend. So berichteten sie dem besagten Domherrn von ihrem Entsetzen über ein Frauenzimmer, das gegen den Ratswillen ein Kloster gegründet hatte. Der tat so, als wisse er von alledem nichts und beruhigte sie, so gut er konnte, indem er sagte, ich hätte schon an anderen Orten und niemals ohne hinreichende Vollmachten gegründet.

Sie sandten uns nach Ablauf von ich weiß nicht wie vielen Tagen einen Beschluss zur Exkommunikation [Kirchenbann], damit man keine Messe lese, bis ich die Vollmachten für mein Handeln vorgezeigt hätte. Ich antwortete ihnen ganz sanft, ich würde tun, was sie befahlen, auch wenn ich nicht verpflichtet sei, dem zu gehorchen. Und ich bat Don

Pedro Manrique, den schon erwähnten Edelmann [den Domherrn], dass er gehe um mit ihnen zu reden und ihnen die Vollmachtsdokumente zu zeigen. Er stimmte sie friedlich, weil sie vor vollendeten Tatsachen standen. Anders hätten wir Ärger bekommen.

Wir lebten einige Tage mit Strohsäcken und Decken ohne weiteren Hausrat, und noch an jenem Tage hatten wir nicht einmal Reisig, um eine Sardine zu braten. Ich weiß nicht, wen dann der Herr bewegte, dass man uns ein kleines Holzbündel in die Kapelle legte, so konnten wir uns helfen. Die Nächte waren manchmal kalt, so dass uns fror, selbst wenn wir uns mit der Decke und unseren groben Wollmänteln, die uns oft nützlich sind, schützten. –

Das alles tat uns gut, denn so groß waren der innere Gewinn und die Freude, dass ich oft daran denke, was der Herr mit den Tugenden gibt: wir erfuhren diesen Mangel wie eine sanfte Kontemplation, allerdings nur von kurzer Dauer. Denn dann wurden wir von Alonso Álvarez und anderen mit mehr Mitteln versehen, als uns lieb war. Tatsächlich war meine Betrübnis so groß, dass ich mich nicht anders fühlte, als hätte ich wertvollen Goldschmuck besessen, den man mir nun raubte, um mich verarmt zurückzulassen: so sehr bedauerte ich das Ende unserer Armut! Meinen Gefährtinnen ging es nicht anders, denn als ich sie niedergeschlagen sah und fragte, was mit ihnen sei, antworteten sie: »Was soll mit uns sein, Mutter, wir sind ja wohl nicht mehr arm!«

Seitdem wuchs in mir der Wunsch nach großer Armut, und ich gewann die Überlegenheit, weltliche Güter gering zu schätzen. Denn ihr Fehlen lässt den inneren Wert wachsen, der Ruhe und Zufriedenheit mit sich bringt.

In jenen Tagen, als wir mit Alonso Álvarez wegen der Gründung verhandelten, gab es viele, denen das nicht gut schien, und sie sagten es mir auch. Denn sie meinten, seine Familie sei nicht erlaucht und adelig – wenn auch, wie ich schon sagte, von gutem Ansehen – und in einer so bedeutenden Stadt wie Toledo würde es mir nicht an Wohlhabenden fehlen. Mich kümmerte das wenig, denn Gott sei Dank habe ich immer Tugend mehr geschätzt als Abstammung[48] (F 15; 11-16).

Gegen Tod und Teufel

Zu jener Zeit, als man mir, wie ich schon sagte, aufgetragen hatte, mich vom Menschwerdungskloster nach Salamanca zu begeben, besuchte mich dort ein Bote aus Beas [de Segura]. Er brachte mir Briefe von einer Dame dieser Stadt, von der kirchlichen Obrigkeit und anderen Personen, in denen ich gebeten wurde zu kommen und ein Kloster zu gründen. Ein Haus hätten sie schon, es müsse nur noch gegründet werden.

Ich stellte dem Mann Fragen. Er sprach mir von den großen Vorzügen dieser Gegend und mit Recht, denn sie ist lieblich und hat ein mildes Klima. Aber in Anbetracht der vielen Meilen von hier nach dort schien mir das Projekt unsinnig. Vor allem aber hätte es der Erlaubnis des Apostolischen Kommissars bedurft, der, wie ich schon sagte[49], meinen Gründungen feindlich oder doch zumindest nicht freundlich gesinnt war. So wollte ich also antworten, ich könne es nicht machen, und ihm gar nicht erst etwas davon sagen. Weil er sich aber zu dieser Zeit gerade ebenfalls in Salamanca befand, schien es mir dann doch besser, solche Antwort nicht zu geben, ohne seine Meinung eingeholt zu haben, weil mich ja unser ehrwürdiger Ordensgeneral angewiesen hatte, keine Gründung zu unterlassen.

Als der Kommissar die Briefe gelesen hatte, ließ er mir sagen, er halte es nicht für gut, eine enttäuschende Antwort zu geben, er habe sich an der Frömmigkeit erbaut, die aus den Briefen spreche. Ich möge den Leuten doch schreiben, man würde alles tun um zu gründen, sobald sie von ihrem Ritterorden[50] die Erlaubnis hätten. Ich könne aber sicher sein, dass man ihnen diese nicht geben werde, denn er wisse durch das Beispiel anderer Gegenden, dass man von den Komturen [dem Vorstand der Santiagoritter] auch in vielen Jahren keine Genehmigung erlangen könne. Darum solle ich nicht abschlägig antworten.

Ich muss immer wieder daran denken und wie wir dem, was unser Herr will, unwissentlich als Instrumente dienen, selbst wenn wir es nicht wollen. So erging es auch dem Kommissar Magister Pater Pedro Fernández. Darum konnte er nicht mehr ablehnen, als die Genehmigung da war. Die Gründung vollzog sich nun folgendermaßen:

Das Kloster des heiligen Joseph in der Stadt Beas [de Segura] wurde am Tage des heiligen Matthias im Jahre 1575 gegründet. Ich möchte im Folgenden zum Ruhm und zur Ehre Gottes erzählen, wie es dazu kam.

In dieser Stadt lebte ein Edelmann namens Sancho Rodríguez de Sandoval, reich und von hoher Abkunft. Er war verheiratet mit einer Dame namens Doña Catalina Godínez. Unter den Kindern, die der Herr ihnen schenkte, waren zwei Töchter, und sie sind es, die das erwähnte Kloster stifteten.

Das 1575 gegründete Kloster in der Stadt Beas: Ruinen und Fassade der Kirche (oben), gezeichnet von Hye Hoys (1866-1867).

Die ältere nannte sich Doña Catalina Godínez, die jüngere Doña María de Sandoval. Die ältere muss etwa 14 Jahre alt gewesen sein, als der Herr sie berief. Bis zu diesem Alter lag es ihr fern, die Welt zu verlassen. Vielmehr hatte sie von sich eine so hohe Meinung, dass sie alle Heiratspläne gering schätzte, die ihr Vater ihr für sie vorschlug.

Eines Tages, als sie sich in einem Zimmer neben dem ihres noch schlafenden Vaters aufhielt, sich dem dort befindlichen Kruzifix näherte und die oben angebrachte Aufschrift las, traf sie beim Lesen eine plötzliche Verwandlung, die der Herr bewirkte. Denn sie hatte an nichts als an eine Heirat gedacht, die man ihr angetragen hatte und deren

Einschätzung ihr übertrieben schien, so dass sie zu sich selbst sagte: »Mit wie wenigem ist doch mein Vater zufrieden, dass er mir einen Majoratsherrn verschaffen will, während ich doch meine, dass mit mir ein neues Geschlecht beginnen muss.« Sie hatte weder eine Neigung zum Heiraten, weil es ihr erniedrigend schien, jemandem untertan zu sein, noch konnte sie erklären, woher ihr dieser Hochmut kam. Der Herr aber wusste, wie ihr zu helfen war. Gelobt sei seine Barmherzigkeit!

Als sie also diese Aufschrift las, schien ihr ein Licht in die Seele zu fallen, das sie die Wahrheit erkennen ließ, so als ob in ein dunkles Zimmer die Sonne hineinscheinen würde. Und in diesem Licht richtete sie ihre Augen auf den Herrn, der am Kreuze sein Blut vergoß, und sie dachte, wie man ihn misshandelt hatte und an seine große Demut und auf welch einem ganz anderen Weg sie sich befand mit ihrem Hochmut. So blieb sie eine Weile, denn der Herr gab ihr tiefe Versenkung. Dabei schenkte ihr seine Majestät große Selbsterkenntnis bezüglich ihres Elends und den Wunsch, dass alle darum wissen möchten. Und er gab ihr eine so heftige Sehnsucht, für Gott zu leiden, dass sie alle Qualen der Märtyrer zusammen erdulden wollte, dazu eine so tiefe Erniedrigung in Demut und Selbstverachtung, dass sie sich gewünscht hätte – wäre es nicht eine Beleidigung Gottes gewesen – eine ganz ehrlose Frau zu sein, die alle verachteten. Und so begann sie sich zu verabscheuen mit großem Verlangen nach Bußübungen, die sie später in die Tat umsetzte. Alsdann gelobte sie Armut und Keuschheit, und sie hätte sich gern so versklavt gesehen, dass sie sich gefreut hätte, wenn sie zu diesem Zweck ins Maurenland gebracht worden wäre. Alle diese Tugenden erwiesen sich als bleibend, so dass man sehr wohl die übernatürliche Gnade des Herrn erkennen konnte, von der nachher noch die Rede sein soll, auf dass ihn alle preisen. –

Während Catalina noch verweilte, kam aus der Höhe des Zimmers ein Lärm, als stürze das Haus zusammen. Er schien aus der Ecke zu kommen, wo sie sich gerade aufhielt, und sie vernahm ein lautes und anhaltendes Gebrüll, das ihren Vater aufschreckte, der, wie schon gesagt, noch zu Bette lag. Er begann vor lauter Furcht zu zittern und griff wie von Sinnen nach einem Kleidungsstück und seinem Degen, kam ganz blass herein und fragte, was denn passiert sei. Sie antwortete, dass sie nichts gesehen habe. Er blickte noch in ein Zimmer weiter im Hausinnern, und da nichts zu sehen war, sagte er ihr, sie möge zu ihrer Mutter gehen. Diese bat er, sie möge Catalina nicht allein lassen, und er erzählte ihr alles, was er gehört hatte.

Man kann aus diesem Geschehen gut ersehen, was der Teufel empfindet, wenn er sich einer Seele beraubt sieht, die er schon für gewonnen hielt. Ist er doch so sehr ein Feind unseres Heils, dass es mich nicht wundert, wenn er beim Gewahrwerden so vieler Gnaden, die unser barmherziger Herr alle auf einmal schenkt, vor Schrecken außer sich gerät und nachdrücklich sein Gefühl bezeugt. Besonders da er den Reichtum dieser Seele sah, der ihn noch weitere Seelen kosten würde. Denn es ist meine Überzeugung, dass der Herr nie eine große Gnade gibt, die nicht über diese Person hinaus noch weiteren zugute käme.

Catalina sprach nie darüber. Aber in ihr erwachte der große Wunsch nach einem Ordensleben, und sie bat ihre Eltern oft und sehr, es ihr zu gestatten. Diese aber verweigerten es stets. Nach drei Jahren vergeblichen Bittens zog sie am Tage des heiligen Joseph ein klösterlichschlichtes Kleid an. –

Ihre innere Entwicklung ging nun dahin, dass sie niemandem mehr befehlen mochte. Da sie aber dem Lebensstil im Hause ihres Vaters Rechnung tragen musste, hatte sie den Mägden dennoch Befehle zu erteilen. Darum wartete sie, bis diese schliefen, um ihnen dann die Füße zu küssen, weil sie der Gedanke quälte, dass jene, die besser waren als sie, ihr dienten. Da ihre Eltern sie tagsüber beschäftigten, verbrachte sie, anstatt zu schlafen, ganze Nächte im Gebet. Dadurch bekam sie über lange Zeiten so wenig Schlaf, dass ein solches Leben unmöglich schien, wenn es nicht mit übernatürlichen Dingen zuging. Ihre Bußübungen und Geißelungen waren [zu] viele, da sie weder jemanden hatte, der sie geistlich beriet noch mit irgendjemandem darüber sprach. So trug sie eine ganze Fastenzeit lang ein Kettenhemd ihres Vaters auf der bloßen Haut. Und sie zog sich zum Gebet an einen einsamen Ort zurück, wo ihr der Teufel erhebliche Streiche spielte. Manchmal begann sie ihre Gebete um zehn Uhr abends, verharrte darin bis Tagesanbruch[51].

Als sie mit solchen Übungen etwa vier Jahre verbracht hatte, begann der Herr ihr Größeres aufzuerlegen in Gestalt schwerer und schmerzhafter Krankheiten. So hatte sie ständig Fieber, Herzbeschwerden, Wassersucht und wurde am Brustkrebs (zaratán) operiert. Im Ganzen dauerten diese Krankheiten fast siebzehn Jahre, und nur an wenigen Tagen ging es ihr gut. –

[Nach fünf Jahren starb der Vater. Mit Zustimmung der Mutter gab Catalina Kindern unentgeltlichen Unterricht in Lesen und Handarbeit. Nach weiteren fünf Jahren starb auch die Mutter:]

Nun wollte Catalina [und mit ihr die verwaiste Schwester] wirklich Nonne werden, aber es gab kein Kloster in Beas. Ihre Verwandten meinten, da sie über genug Vermögen für eine Stiftung verfüge, möge sie doch versuchen, ein Kloster in ihrem Städtchen zu gründen, damit wäre dem Herrn am besten gedient. Da der Ort zum Gebiet der Komturei des Ritterordens von Santiago [vom heiligen Jakobus] gehörte, musste sie beim Rat aller spanischen Ritterorden um die Erlaubnis einkommen, und so reichte sie fleißig ihre Gesuche ein.

Die Erlaubnis war so schwer zu bekommen, dass vier Jahre mit Mühen und Kosten dahingingen. Und solange sie ihr Gesuch nicht an den König selbst richtete, erreichte sie nichts. Die Schwierigkeiten wurden so groß, dass ihre Verwandten ihr rieten, den Unsinn zu lassen. Und da sie zudem mit ihren ernsten Erkrankungen fast immer bettlägerig war, sagte man ihr auch, es werde sie ohnehin kein Kloster nehmen. Sie antwortete, wenn der Herr ihr innerhalb eines Monats die Gesundheit zurückgebe, würde man daran erkennen, dass er die Gründung wünsche und sie selber werde sich zum Hofe begeben und sich darum bemühen. Als sie dies sagte, hatte sie sich schon ein halbes Jahr nicht mehr vom Bett erhoben und konnte sich seit acht Jahren kaum von ihm fortbewegen. In diesem Zeitraum hatte sie ständig ein zehrendes Fieber und Schwindsucht, Wassersucht und ein Feuer in der Leber, das sie verbrannte. Das war sogar durch ihre Kleidung fühlbar, und es hatte ihr das Hemd versengt, was unglaublich scheint. Aber ich habe selbst den Arzt gefragt, der sie damals behandelte und ebenfalls ganz erschrocken war. Außerdem hatte sie auch Rheuma und Gicht[52]. –

Während dieser acht Jahre ließ man sie mehr als fünfhundertmal zur Ader, die zahllosen Schröpfungen nicht mitgerechnet. Die Spuren am Körper sind nicht zu übersehen. Manchmal streute man ihr Salz in die Wunden, weil ein Arzt gesagt hatte, das sei gut, um das Gift aus einer schmerzenden Rippe zu holen. Das geschah mehr als zwanzigmal. Was noch mehr zu bewundern ist: sobald ihr die Ärzte ein Heilmittel nannten von der Art des Salzes, wünschte sie ganz furchtlos die Stunde herbei, da man es anwenden würde. Sie selbst ermutigte die Ärzte zum häufigen Gebrauch des Brenneisens, das man für den Brustkrebs und anderes einsetzte. Sie sagt, sie wollte prüfen, ob es ihr Ernst sei mit ihrem Wunsch nach dem Martyrium.

Am Vorabend zum heiligen Sebastian [am 19. Januar 1574], es war ein Samstag, gab ihr der Herr die Gesundheit so vollständig wieder, dass sie nicht wusste, wie sie dieses Wunder geheim halten sollte. Sie berichtet[53], dass unser Herr, als er sie heilen wollte, sie in ein Zittern versetzte, dass sie meinte, ihr Leben würde nun enden. Eine große Veränderung ging in ihr vor, was auch ihre Schwester sah. Catalina erzählt, sie habe sich zu ihrem Fortschritt innerlich als eine andere empfunden. Noch viel mehr aber als das Verschwinden der Leiden freute sie die Gesundheit, weil sie nun ihr Klosterprojekt in Angriff nehmen konnte. –

Sie erzählte mir, dass sie zuvor an einem Augusttag den Herrn angefleht hatte, er möge ihr entweder den großen Wunsch, Nonne zu werden und ein Kloster zu stiften nehmen, oder aber ihr die Möglichkeit geben, dies zu tun. Und sie fühlte, wie ihr eine große Sicherheit zuwuchs, dass sie rechtzeitig gesund sein würde, um zur Fastenzeit reisen und sich um die Erlaubnis zur Stiftung bemühen zu können. Und obwohl sich damals, so sagt sie, die Krankheiten verschlimmerten, verlor sie doch nie die Hoffnung, dass ihr der Herr die besagte Gnade erweisen würde. Selbst als sie zweimal hintereinander die Heilige Ölung empfing, und es dabei einmal so schlecht um sie stand, dass der Arzt sagte, es habe keinen Sinn mehr, das Öl zu holen, verlor sie doch nicht das Vertrauen, dass der Herr sie [nur] als Nonne sterben lassen werde. Ich meine damit nicht, dass sie an dem erwähnten Tage im August die beiden Ölungen empfing, sondern zuvor.

Ihre Geschwister und Verwandten, die sehr wohl die Gnade und das Wunder sahen, das der Herr an ihr mit dem plötzlichen Geschenk der Gesundheit getan hatte, wagten dem Plan nicht zu widersprechen, auch wenn er ihnen unsinnig erschien. Sie hielt sich nun drei Monate bei Hofe auf, und schließlich wurde ihr Gesuch abgelehnt. Als sie es dann aber dem König[54] persönlich übergab und dieser hörte, dass es sich um die Unbeschuhten Karmelitinnen handele, befahl er, ihr die Erlaubnis zu geben.

Bei dieser Gründung zeigte sich deutlich, dass sie dafür die Zustimmung Gottes erwirkt hatte, denn die geistliche Obrigkeit war bereit, das Kloster zu akzeptieren, obwohl es so weit außerhalb lag und die Einkünfte gering waren. Was seine Majestät [Gott] will, das kann man nicht unterlassen. Also kamen die vorgesehenen Nonnen in der Fastenzeit des Jahres 1575 nach Beas. Die Bevölkerung empfing sie gern und feierlich mit einer Prozession. Überhaupt war die Freude groß, selbst die Kinder ließen merken, dass es sich um ein Gott wohlgefälliges Werk handelte. Man gründete das Kloster, das den Namen San José del Salvador [Sankt Joseph vom Erlöser] erhielt, in eben dieser Fastenzeit am Tage des heiligen Matthias.

Am selben Tage empfingen die beiden Schwestern mit großer Freude das Ordenskleid. Die Gesundheit von Doña Catalina blieb weiter gut. Ihre Demut, ihr Gehorsam, ihr Wille, kein Ansehen zu genießen, bewiesen deutlich die Echtheit ihres Wunsches, unserem Herrn zu dienen. Er sei gepriesen in Ewigkeit![55] (F 23; 1-20)

Abenteuer

Pater Magister Jerónimo Gracián besuchte mich in Beas. Wir hatten uns noch nie gesehen, so sehr ich mir das auch gewünscht hatte. Geschrieben haben wir uns allerdings einige Male. Ich war hocherfreut, als ich von seiner Anwesenheit erfuhr, denn mir lag sehr an einer Begegnung nach all dem Guten, das man mir von ihm erzählt hatte. Aber noch viel froher war ich, als ich seine persönliche Bekanntschaft gemacht hatte. Denn er gefiel mir so sehr, dass mir alle, die ihn mir bisher angepriesen hatten, ihn nicht zu kennen schienen.

Da ich mich damals tief erschöpft fühlte, genügte der Blick auf ihn um mir zu zeigen, dass uns der Herr die Hilfe gesandt hatte, die wir erhofften. Und ich war in diesen Tagen so grenzenlos froh und glücklich, dass ich vor mir selbst erschrak.

Damals hatte er nur den Auftrag für Andalusien[56], aber während seines Aufenthaltes in Beas bat ihn der Nuntius zu sich und gab ihm auch den Auftrag für die Unbeschuhten Mönche und Nonnen in Kastilien. Mein Inneres wurde davon mit so freudiger Genugtuung erfüllt, dass ich in diesen Tagen nichts anderes tun konnte und wollte, als unaufhörlich unserem Herrn zu danken. –

Pater Gracián meinte, Gott wäre sehr gedient mit einer Gründung in Sevilla und sie schien ihm problemlos, weil einflussreiche und vermögende Persönlichkeiten, die ein Haus beschaffen könnten, darum gebeten hatten. Und der Erzbischof von Sevilla war dem Orden so gewogen, dass man annehmen konnte, ihm einen großen Dienst zu erweisen. Darum wurde beschlossen, dass die für Caravaca[57] bestimmte Priorin samt ihren Nonnen nach Sevilla umgeleitet würde.

Pater Jerónimo Gracián als freigelassener Türkensklave. Gemälde aus dem 17. Jh. im Karmel zu Sevilla.

Ich hatte mich aus verschiedenen Erwägungen immer geweigert, ein Kloster dieser Art in Andalusien zu gründen. Und ich wäre auch keineswegs nach Beas gegangen, wenn ich bei meiner Abreise gewusst hätte, dass es zur Provinz Andalusien gehörte. Der Irrtum entstand dadurch, dass Beas als [Kirchen-] Provinz zu Andalusien gehört, territorial [zivilrechtlich] dagegen zu Kastilien[58], dessen Grenze, so glaube ich, um fünf oder sechs Meilen versetzt ist. Als ich aber die Entschlossenheit meines Vorgesetzten sah, gab ich nach, denn der Herr erweist mir die Gnade, dass mir immer scheint, meine Vorgesetzten hätten Recht. Freilich hatte ich eigentlich anderes geplant und wollte aus gewichtigen Gründen nicht nach Sevilla.

So bereiteten wir uns für die Abreise, denn die Hitze nahm mächtig zu. Der Apostolische Kommissar Pater Gracián folgte dem Ruf des Nuntius, wir aber machten uns auf den Weg nach Sevilla, begleitet von meinen guten Gefährten, dem Pater Julián de Ávila, Antonio Gaytán und einem Unbeschuhten. Wir reisten wie immer in dicht geschlossenen Planwagen, und wenn wir in eine Herberge kamen, belegten wir dort [für uns Frauen] ein Zimmer, ob es nun gut war oder schlecht. Und eine Schwester nahm an der Tür in Empfang, was wir brauchten, denn selbst unsere Reisegefährten durften unser Zimmer nicht betreten.

Da wir uns sehr beeilten, trafen wir am Donnerstag vor dem Dreifaltigkeitsfest in Sevilla ein. Unterwegs hatte uns die gewaltige Hitze zugesetzt, denn wenn wir auch nicht über Mittag fuhren, kann ich euch sagen, Schwestern, dass die volle Sonne derart auf die Wagen brannte, dass man hineinstieg wie in ein Fegfeuer. Bald dachten wir an die Hölle, dann wieder meinten wir, dass es doch nützlich sei, für Gott zu leiden. Und so reisten diese Schwestern ganz froh und heiter. –

Am Tage vor Pfingsten sandte Gott ihnen eine schwere Prüfung, denn ich bekam sehr hohes Fieber. Ich glaube, dass ihr Flehen Gott genügte, die Krankheit nicht weiter fortschreiten zu lassen. Jedenfalls ist mir noch nie im Leben ein Fieber so schnell vergangen. Es war so schlimm, dass ich in meiner Benommenheit nicht mehr recht bei Bewusstsein schien. Sie spritzten mir Wasser ins Gesicht, doch war es von der Sonne so erwärmt, dass es kaum erfrischte.

Ich will nicht unterlassen zu sagen, wie schlecht wir in dieser Notlage untergebracht waren. Man hatte uns ein Kämmerchen unter rohen Dachziegeln gegeben, fensterlos, aber sobald man die Tür öffnete, gänzlich sonnenerfüllt. Keine Sonne wie in Kastilien, müsst ihr bedenken, sondern sehr viel unangenehmer. Ich musste mich auf einem Bett ausstrecken, dem ich den Fußboden vorgezogen hätte. Denn es hatte einerseits Höcker und andererseits Kuhlen, ich konnte nicht damit zurechtkommen. Es war, als läge ich auf scharfkantigen Steinen. Was bedeutet doch so eine Krankheit, denn in Gesundheit ist alles zu ertragen! Kurz, ich hielt es für besser aufzustehen und dass wir weiterzögen, denn im Freien war mir die Sonne erträglicher als in dieser engen Kammer.

Wie muss es doch den Ärmsten in der Hölle zumute sein, für die es nie mehr einen Wandel gibt! Denn selbst wenn man sich nur vom einen Leiden zum anderen verändert, liegt darin doch eine gewisse Erleichterung. Ich habe erfahren, wie bei heftigem Schmerz an der einen Stelle, der von einem ebenso heftigen Schmerz an anderer Stelle abgelöst wurde, der Wechsel doch eine Wohltat war. So ging es mir jetzt auch hiermit. Ich erinnere mich, dass mir [unterwegs]

So etwa reiste Teresa von Ávila zu Gründungsorten.

meine Krankheit ganz gleichgültig geworden war. Die Schwestern litten unter meinem Zustand mehr als ich. Aber es gefiel dem Herrn, dass es nur diesen einen Tag ganz schlimm war.

Kurz zuvor, ich weiß nicht mehr, ob es zwei Tage waren, geschah uns auch etwas, das uns in einige Bedrängnis brachte. Das war, als wir auf einer Fähre den Guadalquivir überqueren wollten[59]. Zu dem Zeitpunkt nämlich, da die Wagen übersetzen sollten, war es dort, wo das Seil gespannt war, nicht möglich. Man musste darum in schräger Richtung überqueren, wobei das ebenfalls schräg gehaltene Seil noch eine gewisse Hilfe bot. Ob nun aber jene, die es hielten, es aus den Händen ließen, oder was auch immer geschah: Die Fähre mit dem Wagen darauf trieb ohne Seil und ohne Ruder dahin. Die Verzweiflung des Fährmanns zu sehen beeindruckte mich erheblich mehr als die Gefahr. Wir machten uns ans Beten. Alles schrie.

Von einem nahen Schloss jedoch sah uns ein Edelmann, und von Mitleid bewegt sandte er uns Hilfe. Die Fähre war zu diesem Augenblick noch nicht ohne das Seil und unsere Ordensbrüder suchten es noch mit allen Kräften zu halten. Aber die Macht der Strömung riss sie so mit sich fort, dass einige zu Boden fielen. Ein Sohn des Fährmanns erregte so meine Bewunderung, dass ich es niemals vergesse. Er mochte vielleicht zehn oder elf Jahre alt sein, und wie er sich einsetzte, als er seinen Vater in Not sah, ließ mich den Herrn rühmen. Doch so wie seine Majestät die Prüfungen immer mit Liebe zu schicken pflegt, war es auch hier: Die Fähre lief auf eine Sandbank auf, nach einer Seite war das Wasser flach, daher konnte man uns zu Hilfe eilen. Wir hätten unsere Reise aber schlecht fortsetzen können, denn es wurde schon dunkel, wären nicht Leute vom Schloss gekommen, die uns den Weg wiesen.

Ich wollte diese Dinge eigentlich gar nicht erzählen, sie sind unwichtig. Würde ich von allem Missgeschick auf Reisen berichten, hätte ich viel zu tun. Schlimmer noch als das Erzählte war für mich das, was uns am Tage nach dem Pfingstfest zustieß. Wir beeilten uns sehr, um am Morgen rechtzeitig zur Eucharistiefeier in Córdoba zu sein, und wir wollten nicht gesehen werden. Unser Ziel war eine Kirche jenseits der Brücke, der einsameren Lage wegen[60]. Als wir schon im Begriff waren, die Brücke zu passieren, stellte sich heraus, dass wir keine Lizenz für die Durchfahrt der Wagen hatten, die der zuständige Ratsherr ausstellen musste. Bis wir sie erhielten, vergingen zwei Stunden, weil die Statdtväter noch nicht aufgestanden waren. Viele Schaulustige strömten herbei um zu sehen, wer denn da anreise. Das machte uns nicht viel aus, denn man konnte nichts sehen, weil unsere Planwagen gut bedeckt waren. Als dann jedoch endlich die Lizenz kam, gingen die Wagen nicht durch das Brückentor. Man musste sie absägen, oder was weiß ich[61], worüber wieder eine Weile hinging. Als wir dann schließlich bei der Kirche anlangten, wo Pater Julián de Ávila die heilige Messe lesen sollte, war sie voller Leute. Denn hier wurde gerade, was wir nicht wissen konnten, das Titularfest der Kirche mit großem Pomp und Predigt begangen.

Als ich das sah, war ich bestürzt und es schien mir besser, ohne Messehören weiterzufahren, als sich in dieses Getümmel zu stürzen. Aber Pater Julián de Ávila war anderer Ansicht, und weil er Theologe war, mussten wir alle uns ihm anschließen. Allerdings wären die übrigen Gefährten vielleicht lieber meiner Meinung gefolgt, selbst wenn sie sich als falsch erwiesen hätte. Wobei ich Zweifel habe, ob ich mich so ganz auf mein Gespür verlassen darf.

Wir stiegen also bei der Kirche aus, und wenn auch niemand unsere Gesichter sehen konnte, weil wir wie immer tief verschleiert waren, genügte es, diese Schleier zu sehen und unsere groben weißen Mäntel, wie wir sie zu tragen pflegen, dazu die Alpargatas [Hanfsandalen], um tatsächlich alles in Aufregung zu versetzen. Vor Schreck verließ mich noch der letzte Rest von Fieber. Wirklich, der Schrecken war groß für mich und für uns alle.

Beim Eintritt in die Kirche kam ein guter Mann auf mich zu, um die Leute zurückzudrängen. Ich bat ihn inständig, uns in eine Seitenkapelle zu führen. Das tat er und schloss

Brücke über den Guadalquivir bei Córdoba.

sie ab und blieb bei uns, bis er uns wieder aus der Kirche hinausgeleiten konnte. Wenige Tage später kam er nach Sevilla, wo er einem Pater unseres Ordens sagte, er meine es dem an uns getanen guten Werk zu verdanken, dass Gott ihm die Gnade erwies, ihn mit einem großen Vermögen oder einer Erbschaft zu beschenken, an die er gar nicht mehr gedacht hatte.

Ich sage euch, Schwestern, so unbedeutend euch das alles vielleicht erscheinen mag, für mich waren es höchst unangenehme Erlebnisse, denn die Leute um uns herum lärmten wie in der Arena, wenn man die wilden Stiere einlässt. Also wollte ich nichts als weg von diesem Ort. Es gab auch in der Umgebung keinen geeigneten Platz, wo wir die Siesta hätten halten können. Die verbrachten wir dann unter einer Brücke (F 24, 1-14).

[In Sevilla tauchten unerwartete Schwierigkeiten auf. Der an sich freundlich gesinnte Erzbischof wollte die Lizenz nicht geben, als er erfuhr, dass das Kloster »auf Armut« gegründet werden sollte. Erst nach Wochen, als er die Reformerin besuchte, verstand diese ihn umzustimmen. Die Schwestern wohnten vorläufig zur Miete und brauchten ein eigenes Haus].

Niemand würde auf den Gedanken kommen, dass sich in einer so wohlhabenden Stadt wie Sevilla, in der so viele reiche Leute lebten, weniger Mittel für eine Klostergründung fänden als sonst überall, wo ich war. Sie waren so gering, dass ich manchmal dachte, es würde für uns nicht gut sein, an diesem Orte ein Kloster zu haben. Ich weiß nicht, ob das mit dem Klima zusammenhängt, von dem man sagt, dass es den Teufeln mehr freie Hand zu Versuchungen gibt, die Gott freilich zulassen muss: Mir setzten sie in diesem Zusammenhang derart zu, dass ich mich dort so kleinmütig und verzagt fand, wie sonst nie im Leben. Ja, ich erkannte mich selbst nicht wieder. Zwar verlor ich nicht mein übliches Vertrauen in unseren Herrn. Aber meine natürliche Verfassung war so verschieden von jener, in der ich sonst diese Dinge angehe, dass mir klar wurde, der Herr habe seine Hand ein wenig zurückgezogen, auf dass er ruhe in seinem Sein und ich erkennen möge, dass ich meine bisherige Zuversicht nicht mir selbst verdankte.

Von dem erwähnten Datum an bis kurz nach der Fastenzeit[62] war weder daran zu denken, ein Haus kaufen oder bezahlen zu können, noch gab es wie früher andernorts jemanden, der uns Kredit geben wollte. – Da gefiel es Gott, dass einer meiner Brüder aus Amerika[63] zurückkehrte. Er heißt Lorenzo de Cepeda und war über 34 Jahre drüben gewesen[64]. Ihn bedrückte es noch mehr als mich, dass die Nonnen noch immer ohne eigene Bleibe waren. Er half uns sehr, besonders aber das Haus zu erwerben, in dem sie jetzt sind.

Eines Tages, als ich ins Gebet versenkt Gott anflehte, den Nonnen, die schließlich seine Bräute waren und ihm gegenüber so viel guten Willen zeigten, ein Haus zu geben, sprach er zu mir: *Ich habe euch schon gehört. Lass Mich nur machen!* Ich wurde sehr froh, denn mir war, als hätte ich bereits das Haus. Und so schien es auch, seine Majestät gab uns die Freiheit, ein Haus zu kaufen, das wegen seiner guten Lage allen gefiel. Doch war es so alt und baufällig, dass wir nur für das Grundstück kaum weniger zahlen sollten als für das Haus, das die Nonnen jetzt haben. Alles war schon abgemacht, nur der Vertrag noch nicht ausgefertigt. Ich aber war keineswegs glücklich. Mir schien, das Ganze passe nicht zu dem letzhin im Gebet vernommenen Wort. Denn dieses Wort schien mir doch zu zeigen, dass wir ein gutes Haus bekommen sollten. Und so fügte es sich, dass der Verkäufer aus Gewinnsucht vor der Ausfertigung des Vertrages Bedenken äußerte. Folglich konnten wir anstandslos aus der Abmachung wieder heraus, was eine beträchtliche

Gnade des Herrn war. Denn lebenslänglich hätten die Schwestern mit Bauarbeiten zu tun gehabt, viel Mühe mit wenig Nutzen. –

[Bruder Lorenzo de Cepeda und Garciálvarez, ein Priester, der für Teresas Gruppe täglich die heilige Messe liest, finden nun ein passendes Haus:]

Sie kamen ganz begeistert zu uns, und mit Recht, und weil es das war, was unser Herr wollte, war der Kaufvertrag in drei Tagen unterschrieben.

Es gab aber keine geringen Schwierigkeiten bis wir einziehen konnten, denn der Besitzer wollte nicht ausziehen. Und die benachbarten Franziskaner kamen und drohten uns, wir dürften da keinesfalls hinein[65]. Wäre der Vertrag nicht schon gültig unterschrieben gewesen, hätte ich Gott gepriesen, wenn alles rückgängig zu machen gewesen wäre. Denn wir liefen Gefahr, den Kaufpreis von 6000 Dukaten bezahlen zu müssen, ohne in das Haus hineinzukönnen. Anders dachte die Priorin. Sie pries Gott, dass wir nicht zurückkonnten, denn ihr gab Gott sehr viel mehr Glauben und Mut als mir, was dieses Haus angeht, und überhaupt in allem, denn sie ist viel besser als ich.

Wir verbrachten mehr als einen Monat mit diesen Unerfreulichkeiten. Dann zogen in Gottes Namen die Priorin, ich und zwei weitere Nonnen ein, des Nachts, damit die Franziskaner, vor denen wir uns gewaltig fürchteten, nichts merkten, bis wir Besitz vom Hause ergriffen hätten. Alle am Einzug Beteiligten sagten, dass sie in jedem Schatten einen Mönch vermuteten. Als es dann tagte, las der gute Garciálvarez, der mit uns gekommen war, die erste Messe, und wir konnten nun ohne Furcht sein[66].

O mein Jesus! Welche Ängste habe ich doch bei dieser

Inbesitznahme durchgemacht! Und ich denke darüber nach, wie, wenn man nichts Böses tut, sondern im Dienste Gottes handelt und dabei so viel Angst hat, es jenen Menschen ergehen wird, die gegen Gott und ihren Nächsten handeln? Ich weiß weder, welchen Gewinn sie davon haben könnten, noch welche Befriedigung sie sich bei solcher Widersprüchlichkeit versprechen.

Mein Bruder war schon nicht mehr dort. Er war geflüchtet, weil man ihn wegen seiner Bürgschaft ins Gefängnis bringen wollte, denn es gab in dem eilig aufgesetzten Kaufvertrag ein Versehen, das dem Kloster sehr geschadet hätte. [Die Verkaufssteuer war nicht bezahlt]. Und da er hier fremd war, hatten wir immer wieder großen Ärger, was so blieb, bis er die konkreten Sicherheiten gegeben hatte. Danach lief die Abwicklung des Geschäfts gut, allerdings fehlte es nicht an einer Reihe von Prozessen, um unseren Ärger noch zu vermehren (F 25; 1-9). –

[Teresas Bruder Lorenzo kehrt aus dem Gefängnis zurück und hilft tatkräftig, wo er kann. Er baut einige Zimmer zur Kapelle um. Teresa hätte, so sagt sie, die nun bevorstehende Einsetzung des Altarsakraments gern unauffällig vollzogen, aber die Geistlichkeit einschließlich des Erzbischofs entscheidet sich für eine prunkvolle Prozession, die als Werbung für das neue Kloster gedacht ist, das materielle Unterstützung braucht.]

Der gute Garciálvarez schmückte die Vorhalle[67], die nun [der Prozession] als Durchgang diente und unsere Kapelle. Er versah sie mit schönen Altären und kunstreich Erdachtem. Dazu gehörte ein Springbrunnen mit Orangenblütenwasser, den wir weder gewollt noch gewünscht hatten, der uns später allerdings lieb wurde. Die Feierlichkeit, mit der sich unser Fest vollzog, freute uns dann doch, die Straßen im üppigen Schmuck mit viel Musik und zahlreichen Bläsern! Der würdige [Kartäuser-] Prior de las Cuevas sagte zu mir, dergleichen habe Sevilla noch nie gesehen und daran erkenne man ganz deutlich das Werk Gottes. Er zog gegen seine Gewohnheit selbst mit in der Prozession. Und der Erzbischof setzte das Allerheiligste Altarsakrament ein[68].

Da seht ihr, Töchter, die armen Unbeschuhten Karmelitinnen geehrt, wie man es zuvor nicht für möglich gehalten hätte, als es schien, als würde es für sie kein Wasser geben trotz eines wasserreichen Flusses. Unzählige Leute waren gekommen!

Es passierte aber noch etwas, das allen die es sahen, erwähnenswert schien: nach vielen Böllerschüssen und einem Feuerwerk kam einige, als es schon Nacht wurde und die Prozession vorbei war, die Lust an, noch weiter zu knallen. Und das Pulver fing Feuer, ich weiß nicht wie, jedenfalls schien es ein großes Wunder, dass der, der es hielt, nicht ums Leben kam. Eine Stichflamme stieg auf bis zur Höhe der Vorhalle, deren Bögen man mit Taft verkleidet hatte. Alle dachten, der Stoff sei zu Asche verbrannt. Er zeigte aber in seinem Gelb und Karmesinrot weder einen großen noch einen kleinen Schaden. Aber, und damit komme ich zu dem, was uns staunen machte: Das Gestein der Bögen hinter dem Taft war rauchgeschwärzt, während der davor angebrachte Taft überhaupt keine Brandspuren zeigte.

Alle die es sahen, verwunderten sich. Die Nonnen priesen den Herrn, weil sie keinen neuen Taft kaufen mussten. Der Teufel muss so verärgert gewesen sein über das Fest und über ein weiteres Haus für Gott, dass er sich doch ein wenig rächen wollte. Seine Majestät aber ließ es nicht zu, ihm sei Dank in Ewigkeit, amen (F 25; 12-14).

Zweifel und Überwindung

[Der Bischof von Palencia wünschte dort eine Klostergründung. Teresa reiste 1580 nach Palencia über Valladolid, wo sie im August eintraf:]

Nach meiner Ankunft in Valladolid befiel mich eine so schwere Krankheit, dass man dachte, ich würde sterben[69]. Ich wurde davon so lustlos und fand mich so gänzlich jenseits der Annahme, irgend etwas ausrichten zu können, dass ich mich trotz des Drängens der Priorin unseres Klosters in Valladolid, der sehr an dieser Gründung lag, weder dazu entschließen konnte noch überhaupt einen Ansatz dafür sah. Denn das Kloster sollte ohne Einkünfte gegründet werden, man hatte mir aber gesagt, dass es sich dann nicht ernähren könnte, denn der Ort war sehr arm.

Die Verhandlungen über die Palencia-Gründung, die zusammen mit der für Burgos geführt wurden, hatten schon fast ein Jahr gedauert und anfangs war ich nicht so abgeneigt. Dann aber häuften sich die Schwierigkeiten, obwohl ich doch für nichts anderes nach Valladolid gekommen war. Ich weiß nicht, ob es noch an den Resten von schwerer Krankheit und Schwäche lag, oder ob der Teufel das Gute verhindern wollte, das später geschaffen wurde. Die Wahrheit ist, dass ich so verstört und pessimistisch war, dass ich mich oft bei unserem Herrn beklagte, wie sehr doch die Seele durch die Krankheit des Körpers beeinträchtigt werde. So dass man scheinbar völlig seinen Gesetzen unterworfen ist, ganz entsprechend den ihm eigenen Bedürfnissen und Notwendigkeiten.

Zu den großen Leiden und Miseren dieses Lebens scheint es mir zu kommen, wenn der Geist nicht mehr fähig ist, es zu beherrschen. Denn sich elend zu fühlen und große Schmerzen zu haben ist zwar ein Leiden, aber es bedeutet mir nichts, wenn die Seele auf ihrem Posten ist, Gott preist und betrachtet, wie das Leiden aus seiner Hand kommt. Wenn sie aber zu solchem Tun unfähig ist und nur leidet, so ist das schrecklich. Besonders, wenn die Seele bisher ganz von dem Wunsch getragen war, sich innerlich wie äußerlich unermüdlich im Dienste Gottes einzusetzen. Da kann ihr denn nichts mehr helfen als Geduld und Anerkenntnis ihres Elends und Ergebung in Gottes Willen, der sich ihrer bedienen wird, wozu und wie er will.

So war es damals mit mir, wenn ich mich auch schon auf dem Wege der Genesung befand. Aber die Schwäche war so groß, dass ich sogar das Vertrauen verloren hatte, das Gott mir sonst beim Beginn einer Gründung verlieh. Alles schien mir unmöglich. Es hätte mir sehr geholfen, wenn jemand da gewesen wäre, der mir Mut machte. Aber die einen bekräftigten meine Befürchtungen, und was die anderen mir an Hoffnungsschimmer gaben, war für meine Verzagtheit zu schwach.

Da traf es sich, dass ein Jesuitenpater, der Magister Ripalda, zu uns kam, ein großer Diener Gottes, der eine Zeit lang mein Beichtvater gewesen war. Ich sagte ihm, wie es um mich stand und dass er mir seine Meinung kundtun möge, da ich ihn als Stellvertreter Gottes betrachtete. Er begann mir viel Mut zu machen und meinte, meine Verzagtheit rühre vom Alter her. Ich aber sah sehr wohl, dass das nicht stimmt, bin ich doch jetzt noch älter und doch nicht in jenem Zustand. Er aber wusste das wohl selbst und wollte mich nur veranlassen, nicht zu denken, meine Schwäche komme von Gott.

Das 1580 gegründete Kloster in Palencia, gezeichnet von Hye Hoys (1866-1867).

Damals ging es um die Gründungen in Palencia und Burgos zusammen, und ich hatte Mittel weder für diese noch für jene. Aber daran lag es nicht, denn ich bin gewöhnt, mit noch weniger zu beginnen. Er sagte mir, ich solle die Unternehmungen keinesfalls aufgeben. Das Gleiche hatte mir vor gar nicht langer Zeit in Toledo ein Jesuiten-Provinzial namens Baltasar Álvarez gesagt, aber damals ging es mir auch noch gut.

Jetzt reichte der Rat Ripaldas mir nicht für einen Entschluss aus, obwohl mir die Ungewissheit zusetzte. Ich konnte mich einfach nicht durchringen, weil mich der Teufel – oder, wie ich gesagt habe – die Krankheit gefangen hielt. Aber ich begann mich zu bessern. Die Priorin von Valladolid tat, was sie konnte, denn sie wünschte sich sehr die Gründung in Pastrana. Als sie mich aber so lustlos sah, wurde sie selbst unsicher.

Nun musste der wahre Ansporn kommen, denn dafür genügen weder die Menschen im Allgemeinen noch die Diener Gottes. Man wird daraus gleich, wie so oft, verstehen, dass nicht ich es bin, die diese Gründungen vollzieht, sondern ganz und gar der Allmächtige selbst.

Es war eines Tages nach der Kommunion, dass ich in meinen Zweifeln und meiner grundsätzlichen Unentschlossenheit zu jeglicher Gründung unseren Herrn um Licht angefleht hatte, damit ich seinen Willen tun könne. Denn meine Unlust war nicht von der Art, dass ich diesen Wunsch je aufgegeben hätte. Da sprach unser Herr zu mir in vorwurfsvollem Ton:

Was fürchtest du? Habe ich dich je im Stich gelassen? Ich bin doch jetzt derselbe, der ich war. Gib nicht auf und unternimm diese beiden Gründungen!

O großer Gott! Wie verschieden sind deine Worte von denen der Menschen!

So wurde ich denn entschlossen und zuversichtlich, dass der Widerstand der ganzen Welt mich nicht hindern könne. Ich begann sogleich zu verhandeln und unser Herr begann, mir die Mittel zu verschaffen (F 29; 1-6). –

Vor mehr als sechs Jahren hatten mir einige bewährte Mitglieder der Gesellschaft Jesu, alle bejahrt, gelehrt und religiös erfahren, zu verstehen gegeben, dass es unserem Herrn sehr gefallen würde, wenn es auch ein Haus dieses heiligen Ordens in Burgos gäbe. Und ihre Gründe bewegten mich, es ebenfalls zu wünschen. Aber bei all den Schwierigkeiten mit dem Orden und weiteren Stiftungen hatte sich noch keine Zeit zur Verwirklichung gefunden (F 31; 1).

[Teresa nutzt die Chance, als der Erzbischof von Burgos mit dem ihr sehr gewogenen Bischof von Palencia zusammentrifft. Sie erhält eine mündliche Zusage für die beabsichtigte Gründung. In Burgos lebt eine reiche Witwe, Catalina de Tolosa, mit ihren beiden frommen Töchtern. Sie will die Stiftung unterstützen. Aber Teresa zweifelt noch und fühlt sich gesundheitlich beeinträchtigt.]

Eines Tages in der Oktav des heiligen Martin [Mitte November] empfahl ich die ganze Angelegenheit dem Herrn und überlegte, was man tun könne, wenn die Erlaubnis einträfe. Denn dass ich selbst bei der Kälte nach Burgos ginge, schien mir in Anbetracht meiner vielen Krankheiten, die keine Kälte vertrugen, unzumutbar. Ein so weiter Weg wäre jetzt gerade, wo ich erst von der anstrengenden Reise nach Soria zurück war, doch ein zu großes Wagnis. Auch würde mich der Pater Provinzial nicht gehen lassen. Ich dachte, dass ja die Priorin von Palencia das gut übernehmen könne, denn da alles schon abgesprochen war, würde nicht viel zu tun sein.

Während ich so dachte und entschlossen war, nicht zu reisen, sprach zu mir der Herr diese Worte, die mir auch zeigten, dass die Erlaubnis [des Stadtrates] schon gegeben war: *Kümmere dich nicht um die Kälte, denn ich bin die wahre Wärme. Der Teufel bietet alle Kräfte auf, um die Gründung zu verhindern. Setz du die deinen für mich ein, damit sie zustande kommt. Und verzichte nicht auf deine persönliche Anwesenheit dort, weil sie von großem Nutzen sein wird.*

Damit änderte ich meine Meinung. Denn wenn sich auch meine Natur manchmal gegen Schweres sträubt, betrifft das doch nicht meine Bereitschaft, für diesen großen Gott zu leiden. Und so sage ich ihm denn, er möge von meinen Gefühlen der Schwäche keine Notiz nehmen und mir auftragen, was er wünsche. Mit seiner Gunst würde ich dann nicht unterlassen, es zu tun.

Wir hatten damals Schnee und Frost. Was mich so ängstlich machte, war meine schwache Gesundheit. Wäre sie gut gewesen, hätte mir alles nichts ausgemacht. Der körperliche Zustand hat mir bei dieser Gründung ständig zugesetzt. Die Kälte allerdings war dann gering, zumindest fühlte ich sie kaum, sie schien mir nicht schlimmer als zuvor in Toledo. So hat der Herr getreu sein Wort gehalten (F 31; 11-12). –

Unser Pater Provinzial [Gracián] wollte mit uns zur Gründung reisen [Abreise am 2. Januar]. Teils, weil er gerade nicht viel zu tun hatte, denn er hatte die Adventspredigten schon gehalten und musste ohnehin in Soria visitieren, wo er das dortige Kloster seit der Gründung nicht mehr gesehen hatte, und es war nur ein kurzer Umweg. Teils, weil er unterwegs auf meine Gesundheit Acht geben wollte, denn das Wetter war schauderhaft und ich so alt und krank. Scheinbar bedeutete einigen mein Leben etwas. Das war ganz gewiss eine Fügung Gottes, denn die Wege waren vom Regen aufgeweicht, so dass es sehr notwendig war, dass der Provinzial und seine Begleiter Acht gaben, wo man fuhr und dass sie halfen, die Wagen wieder aus dem Morast herauszuziehen. Besonders zwischen Palencia und Burgos gehörte, als wir abfuhren, viel Mut zur Weiterreise. Allerdings ist es wahr, dass unser Herr mir sagte, ich solle nichts befürchten, wir könnten fahren, er würde mit uns sein. Wenn ich das auch dem P. Provinzial nicht mitteilte, stärkte es mich doch in all den Schwierigkeiten und Gefahren, in die wir gerieten. Besonders bei einer Überfahrt nahe Burgos: Es handelte sich um eine Pontonbrücke, und das Wasser war schon seit geraumer Zeit gestiegen, so dass es die Brücke überflutete und man nicht sah, wo man fahren konnte. Nichts als Wasser, wohin man blickte, und sehr tief zu beiden Seiten der Brücke. Es war schon eine beträchtliche Verwegenheit, da noch zu passieren, besonders mit Wagen. Und tatsächlich geriet auch einer in Gefahr.

Wir hatten uns zuvor in einem Gasthaus einen Führer besorgt, der mit der Überquerung vertraut war. Aber sie war dennoch höchst gefährlich. Und das Problem der Herbergen! Man konnte ja wegen der schlechten Wege nicht im normalen Tagesrhythmus reisen. Die Wagen blieben immer wieder im Schlamme stecken, dann musste man die Tiere voreinander spannen, um sie herauszuholen. So hatten die Patres, die mit uns reisten, viel zu leisten, wir hatten diesmal nämlich nur junge und unbekümmerte Fuhrleute bekommen. Mit dem Pater Provinzial zu reisen, war eine große Hilfe, denn er kümmerte sich um alles und war dabei so ruhig, dass man meinen konnte, nichts mache ihm etwas aus. Mit ihm wurden die größten Schwierigkeiten klein, freilich nicht die Gefährlichkeit der Pontonbrücke, die nichts anderes als Furcht zuließ. Denn diese Einfahrt in eine Welt von Wasser ohne Weg und Schiff ließ mich doch Angst fühlen, so sehr mich auch der Herr gestärkt hatte: Wie musste dann erst meinen Gefährten zumute sein? (F 31; 16-17) –

[Die Reisenden sind schließlich, am 26. Januar, völlig durchnässt und erschöpft bei Catalina de Tolosa in Burgos angekommen. Teresa hat Halsschmerzen. Man versäumt, den Erzbischof sofort zu benachrichtigen.]

Gleich am nächsten Morgen begab sich der Pater Provinzial zum Erzbischof, um den Segen seiner Exzellenz zu erbitten. Wir dachten ja, es sei alles in bester Ordnung. Er fand ihn erregt und verärgert, weil ich ohne seine Erlaubnis gekommen sei. Als hätte er mich weder beauftragt noch überhaupt über die ganze Angelegenheit verhandelt! Und so äußerte er sich dem Pater Provinzial gegenüber höchst zornig über mich. Er gab dann zwar zu, dass er mir befohlen habe zu kommen, aber ich allein, so sagte er, für die Verhandlungen. Keineswegs hätte ich mit so vielen Nonnen [sieben] anreisen sollen. Gott bewahre uns vor solchem Schmerz wie dem seinen! Ihm zu sagen, es sei doch schon mit der Stadt ausgehandelt gewesen, wie er es verlangt hatte, so dass nun nicht mehr zu verhandeln, sondern zu gründen wäre – sagen, dass der Bischof von Palencia, als ich fragte, ob meine Reise nach Burgos erwünscht sei, geantwortet hatte, eine Anfrage sei unnötig, der Erzbischof von Burgos habe ja selbst geäußert, dass er die Gründung wünsche – das alles half wenig. Es war nun einmal so gelaufen, weil Gott wollte, dass das Kloster gegründet werde. Der Erzbischof sagte das später selbst: Sei er nämlich völlig informiert gewesen, hätte er keine Erlaubnis gegeben! Er verabschiedete den Pater Provinzial mit dem Bescheid, er werde die Erlaubnis nicht geben, solange wir kein eigenes Haus mit festen Einkünften hätten. Anders könnten wir ruhig wieder heimreisen... Ach ja, wie reizvoll waren doch die Wege und wie schön das Wetter!

O mein Herr, wie gewiss ist es doch, dass du den, der dir einen Dienst erweist, mit Mühen und Leiden belohnst! Wie sehr würden wir, die wir dich wahrhaft lieben, solchen Preis zu schätzen wissen, würdest du uns nur seinen Wert verstehen lassen! Aber jetzt können wir einen solchen Gewinn nicht gebrauchen, weil er unser ganzes Vorhaben unmöglich machen würde. – Und der Erzbischof sagte noch mehr: Dass die Einkünfte und das Geld für den Hauskauf nicht von der Mitgift der Nonnen genommen werden dürften. Da man sich aber zu diesem Zeitpunkt nicht vorstellen konnte, woher denn sonst, war klar, dass es für uns keine Hilfe gab. Ich aber sah es nicht so. Ich war immer überzeugt, dass sich alles zum Guten wenden würde und wir es nur mit Teufelsränken zu tun hätten, um das Werk zu unterlassen. Gott aber werde es vollenden. Der Pater Provinzial kam auch ganz fröhlich [von seinem Besuch beim Erzbischof] zurück, er ließ sich nicht verunsichern. Gott hatte alles so gefügt, so sagte er, und er war darum auch nicht ärgerlich auf mich, weil ich nicht schriftlich um die Erlaubnis eingekommen war. –

[Es gibt nun viele und langwierige Schwierigkeiten sowohl bezüglich einer provisorischen Unterkunft wie auch des Hauskaufs. Pater Gracián muss schließlich wegen anderer Verpflichtungen abreisen. Der Erzbischof, »obwohl fromm und gut«, hat immer neue Ablehnungsgründe. Schließlich aber findet Teresa durch einen guten Einfall und mit Hilfe des Lizenziaten Don Antonio Aguiar doch ein Haus, hat aber finanzielle Bedenken.]

Wir empfahlen alles Gott im Gebet, der zu mir sagte: *Wegen des Geldes zögerst du?* Damit gab er uns zu verstehen, dass es in Ordnung war. Die Schwestern hatten den heiligen Joseph oft gebeten, uns doch zu seinem Festtag ein Haus zu geben, und wir bekamen es nun schneller als gedacht. Alle bestürmten mich, ich möge den Vertrag schließen. Und so geschah es denn. Der Lizenziat fand einen Notar gleich vor der Tür, was wie eine Fügung Gottes schien. Er brachte ihn zu mir und sagte, hier habe er einen Zeugen, so dass ich unterschreiben könne. Und als die Saaltür verriegelt war, denn er fürchtete sich, es könne zu

Das 1582 gegründete Kloster in Burgos, gezeichnet von
Hye Hoys (1866-1867).

früh bekannt werden, wurde der Kauf in aller Gültigkeit
unter Vertrag genommen. Das geschah, wie schon angegeben, am Vorabend des Josephstages dank des Bemühens und des Verständnisses dieses guten Freundes [des Lizenziaten] (F 31; 21-22, 36). –

Dann erfuhr es der Erzbischof und er freute sich sehr über den Erfolg, meinte er doch, sein hartnäckiger Widerstand habe ihn bewirkt, und da hatte er natürlich sehr Recht! Ich schrieb ihm, ich sei froh, ihn zufrieden gestellt zu wissen und dass ich mich beeilen würde, das Haus einzurichten, damit er mir dann die endgültige Genehmigung erteilen könne.

Er kam das Haus besichtigen, war sehr zufrieden und zeigte sich uns gegenüber höchst gnädig. Aber doch nicht so, dass er uns nun die Erlaubnis gegeben hätte, wenn er uns auch Hoffnung ließ. Es mussten nämlich noch ich weiß nicht was für Schriftstücke mit Catalina de Tolosa ausgefertigt werden. Wir fürchteten sehr, die Erlaubnis nicht zu bekommen. Doch Dr. Manso, ein anderer Freund des Paters Provinzial, den ich schon erwähnte, stand mit dem Erzbischof sehr gut und konnte die rechten Augenblicke nutzen, ihn in unserer Sache zu mahnen und zu drängen. Denn es tat ihm Leid zu sehen, dass es uns so ging, wie es uns ging. Das Haus nämlich, in dem wir wohnten, hatte zwar eine Kapelle, doch durfte darin nur für die Besitzer die Heilige Messe gelesen werden. Nie ließ der Erzbischof zu, dass man auch uns die Messe im Hause lese, immer mussten wir an Sonntagen und Festen hinausgehen in eine zum Glück nahe gelegene Kirche[70] (F 31; 41). –

[Alles stagniert wieder. Teresa schaltet noch einmal den Bischof von Palencia ein. Sein erster Brief war ungeschickt und bewirkte nichts als Groll. Aber Teresa gibt nicht auf.]

Noch einmal bat ich mit meinen besten Argumenten den Bischof um einen weiteren freundschaftlich gehaltenen Brief, wobei ich ihm vor Augen stellte, wie sehr damit Gott gedient würde. Er erfüllte meine Bitte, und das war nicht wenig. Doch erkannte er ja, dass es für Gott getan werden musste, und er war auch mir gegenüber stets entgegenkommend gewesen. Kurz, er überwand sich. Danach schrieb er mir, alles, was er bisher für den Orden getan habe, sei nichts im Vergleich zu dem von mir gewünschten Brief. Und tatsächlich tat dieser im Verein mit der Bemühung des Doktors Manso eine solche Wirkung, dass der Erzbischof uns die Erlaubnis gab. Er sandte sie uns zu durch den guten Hernando de Matanza, dessen Freude beim Überbringen nicht gering war. Gerade an diesem Tage waren die Nonnen entmutigter denn je, und die liebe Catalina de Tolosa gar so sehr, dass man sie nicht trösten konnte. Es sieht so aus, als habe der Herr uns die Freude zukommen lassen wollen im Augenblick der tiefsten Niedergeschlagenheit. Denn selbst ich, die ich das Vertrauen nicht verloren hatte, war mutlos in der vergangenen Nacht. Der Name des Herrn sei ohne Ende gelobt und gepriesen, amen.

Der Erzbischof hatte Doktor Manso die Erlaubnis gegeben, am nächsten Tage die Messe zu lesen und das Heilige Sakrament einzusetzen [am 19. April 1582, die Lizenz war am 18. gegeben.]. Dieser las nun die erste Messe. Und das Hochamt wurde sodann vom Dominikanerprior aus dem Kloster zum Heiligen Paulus zelebriert, viele Musiker waren freiwillig zur feierlichen Mitwirkung erschienen (F 31; 44-45). –

Ein paar Tage nach der Gründung kamen dem Pater Provinzial[71] und mir Bedenken, dass mit den Einkünften, die uns Doña Catalina überschrieben hatte, nicht alles in Ordnung war, so dass es einen Rechtsstreit geben könnte. Daraus würden ihr dann Beunruhigungen erwachsen. Wir wollten aber lieber einzig auf unser Gottvertrauen setzen, als ihr irgendwelche Unannehmlichkeiten bereiten. Darum und aus noch weiteren Gründen verzichteten wir alle mit Genehmigung des Paters Provinzial auf die von ihr gemachte Schenkung und gaben ihr sämtliche Papiere zurück. Das geschah ganz im Geheimen, damit der Erzbischof nicht davon erführe, der es als persönliche Kränkung genommen hätte, wenn es sich auch nur um das Haus handelte[72]. Aber es verhält sich doch so: Wenn bekannt ist, dass es auf Armut gegründet wurde, braucht man nichts zu befürchten, weil alle helfen. Ist es aber auf Renten [Einkünfte] gegründet, so bedeutet das Unsicherheit und kann es geschehen, dass man für den Augenblick nicht einmal zu essen hat.

Die Burg des Herzogs von Alba und die Fassade der Kirche des Karmels in Alba, wo Teresa starb.

[Doña Catalina und ihre Töchter überschreiben nun das Vermögen per Erbschaft, was ja aber vorläufig keine Wirkung hat. Teresa sorgt sich, weil der vollzogenen Wechsel nicht bekannt ist, und man darum nicht mit Spenden rechnen kann.]

Als ich damals nach der Kommunion darüber nachdachte, sagte der Herr zu mir: *Was zweifelst du? Es ist doch alles getan. Du kannst jetzt sehr wohl gehen.* So gab er mir zu verstehen, dass es ihnen nicht am Notwendigen fehlen werde. Das wirkte auf mich so, als hätte ich sie mit guten Einkünften zurückgelassen, und ich machte mir keine Sorgen mehr. Also kündigte ich nun meine Abreise an, denn mir schien, ich könne mich hier nur noch dieses Hauses erfreuen, in dem ich mich wohlfühle[73], während ich andernorts nützlicher wäre, wenn auch mit mehr Belastung.

Der Erzbischof und der Bischof von Palencia blieben gute Freunde. Bald auch zeigte sich uns der Erzbischof wohlgesinnt, denn er übergab der Tochter der Catalina de Tolosa und noch einer weiteren eintretenden Nonne den Habit. Bis jetzt lassen uns weder die Spender mit ihren Zuwendungen im Stich noch lässt der Herr seine Bräute leiden, wenn sie ihm dienen, wie sie verpflichtet sind. Seine Majestät möge es ihnen vergelten mit großer Gnade und Barmherzigkeit (F 31; 48-49).

[Am 26./27. Juli 1582 verlässt Teresa Burgos. Die Gründung hat über ein halbes Jahr gedauert. Gracián befiehlt ihr, sich in Ávila von den Strapazen auszuruhen. Aber verschiedene Anliegen werden an sie herangetragen, und so reist sie über Palencia, Valladolid, Medina del Campo auf Wunsch ihres Vorgesetzten Antonio de Heredia schließlich nach Alba de Tormes, wo die Herzogin von Alba sie erwartet. Teresa kommt total erschöpft am 20. September im dortigen Karmelkloster an, legt sich nieder und stirbt am 4. Oktober an ihrer Krebserkrankung. Die Zeit hält in dieser Todesnacht den Atem an, denn der gregorianische Kalender löst den julianischen ab. So folgt auf den 4. der 15. Oktober, der Tag des Kirchenfestes der heiligen Teresa von Ávila.]

BERUFUNG ZUM GEBET

Gottes Garten

Ich möchte ein Gleichnis benutzen, das ich wohl einmal las oder hörte, wenn ich auch bei meinem schlechten Gedächtnis nicht mehr weiß, wo und bei welcher Gelegenheit. Aber für mein jetziges Vorhaben ist es das, was ich brauche:

Wer mit dem geistlichen Leben beginnt, sollte sich vorstellen, dass er einen Garten anlegen will, damit der Herr sich darin mit Freuden ergehe. Doch das Grundstück ist verwildert und voller Unkraut. Seine Majestät reißt selbst das Unkraut aus, um sodann wertvolle Pflanzen zu setzen.

Wir müssen uns also klarmachen, dass diese Arbeit schon getan ist, wenn eine Seele sich zum kontemplativen Beten entschloss und auch schon damit begann. Und mit Gottes Hilfe müssen wir uns nun bemühen, als gute Gärtner diese Pflanzen zu pflegen und zu begießen, so dass sie nicht verwelken, sondern wachsen, blühen und herrlich duften, damit unser Herr sich daran erfreue. So wird er denn oft in diesen Garten kommen und sich gern ergehen zwischen den Blumen der Tugend.

Überlegen wir nun, wie man den Garten bewässern kann, damit wir wissen, was wir tun müssen und ob die erforderliche Arbeit nicht größer ist als der Gewinn, und wie viel Zeit wir dafür brauchen. Ich meine, man kann auf vier Arten das Wasser gewinnen: Erstens kann man es aus einem Brunnen emporziehen, was für uns eine große Mühe ist. Oder man hat einen Ziehbrunnen mit Schöpfrad und Röhren, in die man das Wasser durch eine Winde hinaufzieht, so wie ich es selbst mir oft geholt habe. Diese Art ist schon weniger mühsam als die erstgenannte und bringt mehr Wasser. Oder man leitet es aus einem Bach oder Fluss ab. Diese Weise ist viel wirkungsvoller, denn die Erde wird besser durchtränkt, und man muss nicht so häufig bewässern, so dass dem Gärtner viel Arbeit abgenommen ist. Oder aber wir müssen überhaupt nichts mehr tun, weil der Herr es kräftig regnen lässt, und das ist unvergleichlich viel besser als alles zuvor Genannte.

Nun geht es mir aber um die Anwendung dieser vier Bewässerungsarten, durch die der Garten erhalten wird und ohne die er verderben würde, auf die vier Stufen des Betens, zu denen der Herr in seiner Güte meine Seele manchmal geführt hat (V11; 6-8).

Gebet der Sammlung[1]

Jene, die das kontemplative Gebet zu erlernen beginnen, sind es, die das Wasser ganz mit eigener Kraft aus dem Brunnen ziehen. Das heißt, sie müssen sich sehr anstrengen, ihre Sinne zu sammeln, die daran gewöhnt sind, sich in alle

Richtungen zu zerstreuen. Das ist sehr schwer. Darum müssen die Beginnenden lernen, weder Hören noch Sehen wichtig zu nehmen und das in den Gebetsstunden ins Werk zu setzen. Sie sollen in die Einsamkeit gehen und dort über ihr vergangenes Leben nachdenken. Obwohl das für alle notwendig ist, sowohl für die der ersten wie die der letzten Stufe, handelt es sich doch um ein Mehr oder Weniger, wie ich noch erklären werde[2]. Anfangs ist es noch schwer, weil sie sich fragen, ob sie ihre Sünden genug bereuen. Aber sie tun es doch, denn sie sind ja entschlossen, Gott in Wahrheit zu dienen. Auch sollen sie das Leben Christi betrachten, und ihr Verstand wird dabei ermüden. So weit können wir aus eigener Kraft gelangen, natürlich immer mit Gottes Gnade, ohne die wir nicht einmal einen guten Gedanken haben können. So beginnt man Wasser aus dem Brunnen zu schöpfen, und wolle Gott, dass er auch Wasser habe! Aber das liegt dann wenigstens nicht an uns, die wir zum Wasserholen gehen und tun, was wir können, um die Blumen zu tränken.

Was aber soll jemand machen, wenn er tagelang nichts erfährt als Trockenheit, Überdruss, Missmut und größte Unlust, immer wieder das Holen des Wassers zu versuchen? Wie, wenn er nicht mehr daran denkt, dass er den Herrn erfreuen und ihm im Garten dienen will, so dass er Gefahr läuft, alles bisher Getane zu verlieren und auch das, was er sich von künftiger Mühe versprechen kann, die bedeutet, dass man immer wieder den Eimer in den Brunnen senkt und ihn dann ohne Wasser herauszieht – wie, wenn er das alles aufgibt? Kann es ihm doch oft auch geschehen, dass seine Arme erlahmen, dass er keinen einzigen guten Gedanken mehr fassen kann. Denn diese Verstandesarbeit ist ja das, was man unter dem Wasserschöpfen versteht.

Spanischer Ziehbrunnen.

Was, so frage ich, was soll dann der Gärtner tun? Er soll sich freuen und sich trösten im Gedanken an die große Gnade, im Garten des mächtigen Herrschers arbeiten zu dürfen. Dann weiß er, was sein Glück ausmacht, und er wird nicht mehr sich selber dienen wollen, sondern IHM. – Und er helfe ihm, das Kreuz zu tragen, wobei er bedenke, dass für Christus das ganze Leben ein Kreuz war. Und er suche sein Königreich nicht in dieser Welt und unterlasse niemals das Gebet. Die Zeit wird kommen, da man ihm dieses alles zusammen lohnt. Er möge nicht fürchten, es sei verlorene Mühe. Er dient einem guten Herrn, das muss er im Auge behalten. Um böse Gedanken kümmere er sich nicht. Er möge sich vergegenwärtigen, dass der Teufel sie auch dem heiligen Hieronymus in der Wüste eingab.

Was denn tust du, mein Herr, das nicht der Seele zum Heil gereiche, von der du weißt, dass sie schon dein ist, die sich dir ganz anheim gab um dir nachzufolgen auf deinem Kreuzweg, und die entschlossen ist, dir beim Tragen des Kreuzes zu helfen und dich nicht damit allein zu lassen?

Wer sich dazu entschlossen sieht, braucht sich nicht, überhaupt nicht zu fürchten! Menschen des geistlichen Lebens, es gibt keinen Grund zur Betrübnis. Denn wer dahin gelangte, mit Gott in der Stille Umgang pflegen zu wollen und auf weltlichen Zeitvertreib zu verzichten, der hat das meiste schon getan (V 11; 6-10, 12).

Denn inneres Gebet ist, so meine ich, nichts anderes als Freundschaft und vertraute Zwiesprache mit Ihm, von dem wir wissen, dass er uns liebt (V 8; 5)[3].

Man muss sehr darauf achten – und ich spreche hier aus Erfahrung – dass die Seele diesen Weg des inneren Gebets mit Entschlossenheit beginne. Sie muss sich überwinden, so dass es ihr nichts ausmacht, ob sie Trost oder Trockenheit empfängt, ob der Herr ihr beglückende und zärtliche Gefühle schenkt oder nicht – dann hat sie schon ein großes Stück des Weges zurückgelegt. Und sie fürchte nicht zurückzufallen, selbst wenn die Hindernisse zunehmen, denn das Gebäude beginnt ein festes Fundament zu bekommen. Besteht doch die Gottesliebe weder in der Erfahrung von Tränen, noch in jenen Beglückungen und Zärtlichkeiten, die wir uns meist wünschen und womit wir uns erbauen, sondern im Dienen in Gerechtigkeit, in Geistesstärke und Demut. Dabei, so meine ich, empfangen wir mehr als wir geben.

Für Frauen wie mich, ungebildet[4] und schwach, scheint es mir allerdings passend zu sein, wenn Gott mich, wie es gegenwärtig geschieht, beschenkt, damit ich einige Leiden, die er mir auferlegte, besser ertrage. Aber Gottesdiener, Männer von Format, Verstand und Gelehrsamkeit, die viel davon hermachen, wenn Gott ihnen keine erbaulichen Gefühle schickt – das zu vernehmen missfällt mir. Ich sage nicht, das sie solche Gefühle nicht annehmen und schätzen sollen, wenn Gott sie ihnen verleiht, denn dann sieht seine Majestät den Nutzen. Aber sie sollten sich als selbstbeherrschte Menschen nicht grämen und sie müssen erkennen, dass solche Gaben auch nicht nötig sind, wenn seine Majestät sie nicht schenkt. Sie mögen mir glauben, dass sie anders einen Fehler begehen. Ich habe es selbst erprobt und erfahren. Sie mögen mir glauben, dass das [Verlangen nach erbaulichen Gefühlen] Unvollkommenheit ist und dass sie damit nicht Freiheit des Geistes, sondern Schwäche bezeugen.

Ich sage dies weniger für Anfänger, wenn ich auch so darauf poche, weil es wichtig für sie ist, frei und entschlossen zu beginnen, sondern für andere. Denn es gibt viele, die [das kontemplative Beten] begonnen haben, dann aber stecken bleiben. Und ich glaube, das liegt großenteils daran, dass sie das Kreuz nicht von Anfang an umarmen, dass sie sich betrübt zeigen, weil sie meinen, überhaupt nichts zu tun. Sie können es nämlich nicht ertragen, wenn ihr Verstand seine Tätigkeit aufgibt. Dadurch aber erstarkt zu sehr ihr Wille, er wird beleibt und sie merken es nicht.

Aber wir müssen auch beherzigen, dass der Herr nicht auf diese Dinge sieht, die, obwohl sie uns fehlerhaft erscheinen, es nicht sind. Kennt doch seine Majestät unser Elend und unsere natürliche Niedrigkeit besser als wir selbst, und so weiß er denn auch, dass diese Seelen nichts anderes wünschen als seiner zu gedenken und ihn zu lieben. Solche Entschlossenheit ist das, was er fordert. Jene Betrübnis aber, die wir uns selber schaffen, bewirkt nichts als Unruhe für die Seele, und wenn sie vorher nur gelegentlich für eine Stunde unfähig [zum rechten Beten] war, werden es nun vier. Sehr häufig aber – und darin habe ich große Erfahrung und weiß, dass es wahr ist, denn ich habe es sogrfältig beobachtet und danach auch mit Geistlichen darüber gesprochen – liegt es an einem körperlichen Unwohlsein, wenn wir so versagen, denn die arme Seele, diese Gefangene des Leibes, nimmt Teil an seinem Elend. Wetterwechsel und schwankender Kreislauf[5] bewirken oft, dass man schuldlos nicht tun kann, was man will und stattdessen in jeder Hinsicht leidet. Wenn man in solchen Zeiten Gutes erzwingen will, vergrößert und verlängert man nur das Übel. Man muss also unterscheidungsfähig sein, um zu sehen, was vorliegt und der armen Seele nicht die Luft nehmen. Man muss verstehen, dass man krank ist und verschiebe die Zeit des Gebets sogar für ein paar Tage, wenn es sein muss. Diese Wüste ist so gut wie möglich zu überstehen, denn es bedeutet für eine Seele, die Gott liebt, ein großes Unglück, ihren jämmerlichen Zustand zu erkennen und nicht tun zu können, was sie möchte, weil ein so unzulänglicher Gast wie dieser Körper bei ihr einquartiert ist (V 11; 13-15).

Gebet der Ruhe

Nun will ich von der *zweiten* Bewässerungsart sprechen, die der Herr des Gartens mit einer Technik verordnet hat, die Schöpfrad und Röhren einsetzt, damit der Gärtner mehr Wasser und weniger Mühe hat und ausruhen kann, ohne ständig arbeiten zu müssen. Diese Vorgehensweise, angewendet auf das Gebet, nennt man Gebet der Ruhe, das ich jetzt behandeln möchte.

So wie sich hier die Seele zu versenken beginnt, wird schon das Übernatürliche berührt, das heißt die Seele kann durch keinerlei Bemühen ihrerseits dahin gelangen. – Bei dieser Art sammeln sich die Seelenkräfte[6] im Innern, um so die beglückende Erfahrung besser genießen zu können. Aber weder verlieren sie sich noch schlafen sie. Nur der Wille wird ganz eingenommen, so dass er sich gefangen sieht, er weiß nicht wie. Aber er stimmt zu, dass Gott ihn gefangen setze, so wie man sich eben ein Gefangener dessen weiß, den man liebt. O Jesus und mein Herr! Was bedeutet uns hier deine Liebe! Denn sie hält uns so gebunden, dass wir an diesem Punkt nicht mehr die Freiheit haben, anderes zu lieben als dich.

Teresa von Ávila. Anonymes Porträt aus dem 17. Jh.
Real Academia de la Lengua, Madrid.

Die beiden anderen Vermögen [Verstand und Gedächtnis] helfen dem Willen [der Liebe], sich des so hohen Gutes zunehmend freuen zu können. Manchmal allerdings geschieht es auch, dass sie stören, wenn der Wille schon ganz gottgeeint ist. Dann kümmere er sich nicht um sie, sondern verbleibe in seinem Genuss und in seiner Ruhe. Denn will er sie sammeln, so wird das ihnen und ihm selbst schaden. Sie sind wie Tauben, die sich nicht mit dem Futter zufrieden geben, das der Besitzer des Taubenschlags ohne ihr Zutun für sie ausstreut. Sie schwärmen aus, um anderswo ihre Nahrung zu suchen, und was sie finden, gefällt ihnen so wenig, dass sie zurückkehren. Also kommen und gehen sie, um zu sehen, ob ihnen der Wille etwas abgibt. Streut ihnen der Herr Futter hin, so bleiben sie, wenn aber nicht, begeben sie sich wieder auf die Suche. Und sie müssen dabei denken, dass sie den Willen fördern wollen, aber jedes Mal, wenn das Gedächtnis oder die Vorstellungskraft ihm zu vergegenwärtigen suchen, was er erfährt, wird ihm damit geschadet (V 14;1-3).

Gott in seiner Großmut möchte, dass die Seele verstehe, wie nahe er ihr ist und dass sie ihm keine Boten mehr senden muss, sondern selbst mit ihm sprechen kann. Und nicht laut, denn er ist ihr so nah, dass er sie hört, wenn sie nur die Lippen bewegt.

Wie sehr wünsche ich, der Herr möge mir beistehen, wenn ich von den Wirkungen dieser schon übernatürlichen Dinge in der Seele sprechen will. Denn an den Wirkungen erkennt man, ob Gottes Geist sie verursacht. Ich habe aber so wenig Zeit zum Schreiben, es geht immer nur Stück für Stück, so gern ich auch mehr Muße hätte. Wenn aber der Geist des Herrn mir hilft, dann geht es leicht und gelingt viel besser. Es ist, als arbeite man nach einer Vorlage, der die Arbeit nur folgt. Fehlt einem aber dieser Geist, so verhält sich die Sprache bei dem, was man sagen will, so ungefügig als sei es Arabisch, auch wenn man schon viele Jahre Gebetserfahrung hat. Darum scheint es mir ein großer Vorteil, wenn man im Gebet [im kontemplativen Zustand] schreibt, denn dann sehe ich klar, dass nicht ich es bin, die es sagt, dass weder mein Verstand es so fügte noch ich verstehe, wie es mir möglich war, mich so auszudrücken. Das geschieht mir oft (V 14, 5-8). –

Kehren wir nun zu unserem Vorhaben zurück. Diese Ruhe und Einkehr der Seele ist etwas, das man sehr deutlich spürt durch den Frieden, der sie so beglückend und sanft erfüllt, dass ihre Kräfte zur Ruhe kommen. Es scheint ihr – weil sie Höheres noch nicht erfuhr – dass ihr nun nichts mehr zu wünschen übrig bleibt und dass sie gern mit dem heiligen Petrus sagen würde, hier lasst uns Hütten bauen! Sie wagt weder sich zu rühren noch sich zu bewegen, damit ihr das hohe Gut nicht zwischen den Händen zerrinne. Und manchmal möchte sie nicht einmal mehr Atem holen. Die Ärmste versteht nicht, dass sie, da sie diesen beglückenden Zustand nicht selbst herbeiführen konnte, ihn erst recht nicht festhalten kann, wenn der Herr es nicht wünscht.

Ich sagte schon, dass in dieser ersten Versenkung und Ruhe die Seelenvermögen nicht fehlen [nicht müßig sind], doch der gottgeeinte Wille ist während dieser Erfahrung so zufrieden, dass, während die beiden anderen Vermögen herumirren, er seine Ruhe und Stille nicht verliert, eher gelingt es ihm sogar, Verstand und Gedächtnis nach und nach zu sammeln. Denn wenn auch der Wille noch nicht gänzlich von Gott durchdrungen ist, wird er doch unbewusst so von ihm eingenommen, dass die anderen Vermögen ihm die Zufriedenheit und Beglückung nicht nehmen können, so sehr sie sich auch bemühen. Eher trägt das alles mühelos dazu bei, dass das Fünkchen[7] der Gottesliebe nicht erlischt.

Denn dieses Gebet ist ein Fünkchen, das Gott in der Seele als wahre Liebe zu ihm zu entzünden beginnt. Und er möchte, dass die Seele nun die Innigkeit dieser Liebe erkenne. Dass sie verstehe, wie hier diese Ruhe, diese Versunkenheit und dieses Fünkchen dem Geiste Gottes entstammen und nicht etwa ein Wohlgefühl sind, wie es der Teufel gibt oder das wir selbst uns verschaffen können. Ja, für jemanden, der Erfahrung hat, ist es unmöglich, nicht zu verstehen, dass man es sich nicht erwerben kann. Unsere Natur ist so auf Gewinn von Angenehmem gerichtet, dass sie alles versuchen wird, aber damit handelt sie sich nur Kälte ein, denn all ihr großes Bemühen, die Flamme zu entfachen, um sie genießen zu können, ist wie ein Wasserguss, der sie auslöscht. Das von Gott entzündete Fünkchen dagegen knistert lebendig, und wenn sie es nicht durch ihre Schuld löscht, beginnt es sich zu dem großen Feuer zu entfachen, das, wie ich noch sagen werde[8], in größter Gottesliebe aufflammt, die seine Majestät den vollkommenen Seelen zu geben wünscht. –

Was nun die Seele in dieser Zeit des Ruhens tun muss, darf nur sehr sanft und lärmfrei vor sich gehen. Ich nenne »Lärm« den Gebrauch des Verstandes, der viele Wörter sucht und Betrachtungen anstellt, um für diese Wohltat zu danken, während er zugleich ganze Berge von Sünden und Fehlern aufhäuft, um zu zeigen, dass er die Wohltat nicht verdient. Hier ist alles in Bewegung, der Verstand legt dar, das Gedächtnis ist rege, und beide ermüden mich manchmal wirklich, denn so schwach auch mein Gedächtnis ist, kann ich es doch nicht beherrschen. Stattdessen müsste der Wille in gelassener Klugheit begreifen, dass man mit Gott nicht heftig gestikulierend verhandelt und dass solche Bewegungen grobe Holzscheite sind, vernunftlos aufgeschichtet, um den besagten Funken zu ersticken. Die Seele möge das erkennen und in Demut sagen: »Herr, was kann ich denn schon tun? Wie anders ist die Magd als der Herr, die Erde als der Himmel!«, oder andere Worte, die ihr die Liebe eingibt in der sicheren Erkenntnis ihrer Wahrheit. Und sie kümmere sich nicht um den Verstand, der ein Tölpel ist. Will sie ihn nämlich teilhaben lassen an ihrer inneren Freude, oder bemüht sie sich, ihn zu sammeln, so wird sich oft zeigen, dass während der Ruhe und Vereinigung des Willens der Verstand so umherschweift, dass es besser ist, er überlässt ihn sich selbst und geht ihm nicht nach, der Wille, meine ich. Stattdessen erfreue er sich dieser Gnade zurückgezogen wie eine weise Biene. Wenn nämlich alle Bienen nur ausschwärmten und keine in den Korb zurückkehrte, ließe sich der Honig wohl schwerlich bereiten.

Eine Seele, die das nicht verstanden hat, würde hier viel verlieren. Besonders, wenn sie über einen scharfen Verstand verfügt, der sich nun anschickt, Reden und Wendungen zu erfinden, so eifrig[9], dass sie meint, mit dem gut Gesagten tue sie etwas. Die Begründung aber, dass sie sich anders verhalten müsste, ist leicht zu finden, denn es gibt für Gott keinen Grund, uns so große Gnade zu erweisen, als allein seine Güte. Und wir müssen wissen, wie nah wir ihm sind und Gnaden von ihm erbitten, für die Kirche beten, für Menschen, die er uns anvertraute und für die Seelen der Verstorbenen[10]. Aber nicht mit Lärm von Worten[11], sondern mit der Sehnsucht, dass er uns höre. Es ist eine Gebetsart, die viel umfasst und durch die man mehr erreicht als durch vieles Sprechen mit dem Verstande. Nur einige ganz wenige Worte suche sich der Wille, wie sie sich anbieten, wenn er sich befähigt sieht, diese Liebe lebendig zu halten, und er sende von Zeit zu Zeit ein liebevolles Aufwallen Ihm, dem er so viel verdankt. Aber, wie gesagt, ohne zuzulassen, dass der Verstand lärmend nach großen Dingen sucht (V 15; 1, 4, 6-7).

Gebet der beginnenden Einung[12]

Wir wollen nun von der *dritten* Art sprechen, den Garten zu bewässern, also vom fließenden Wasser aus Fluss oder Quelle, was viel Arbeit erspart, wenn man auch noch die Ableitung regeln muss. Möge Gott dem Gärtner hier helfen, indem er sich selbst zum Gärtner macht und alles tut.

Es ist ein Schlaf der Seelenvermögen, die weder ganz außer Kraft gesetzt sind noch verstehen, wie sie wirken[13]. Das Glücksgefühl, die Sanftheit und Beseligung übersteigen die vorherige Gebetsstufe ganz unvergleichlich. Die Wasser der Gnade reichen solcher Seele bis zur Kehle, so dass sie weder vorwärts noch rückwärts gehen kann und nicht weiß, wie ihr geschieht. Sie ist im Begriff, die größte Herrlichkeit zu erfahren. Wie jemand, der im Sterben liegt, die Kerze in der Hand angesichts des ersehnten Todes. Sie erfährt in diesem Zwischenzustand eine unsagbare Seligkeit. Mir scheint, es handelt sich um ein fast völliges Sterben

Brücke und Kathedrale in Salamanca, wo Teresa 1570 ein Kloster gegründet hat (vgl. S. 74f.).

gegenüber allen Dingen der Welt und ein Glücklichsein in Gott.

Ich finde dafür keine anderen Worte und kann mich nicht anders ausdrücken, weil hier auch die Seele nicht weiß, was sie tun soll. Sie weiß nicht, ob sie redet oder schweigt, lacht oder weint. Eine herrliche Konfusion, eine himmlische Torheit, aus der die wahre Weisheit hervorgeht[14]. Für die Seele die beglückendste Art der Erfahrung.

Die Seelenvermögen sind insgesamt nur noch fähig, sich mit Gott zu befassen. Keines wagt mehr sich zu regen. Nur mit größter Mühe könnten wir sie noch bewegen, wenn wir sie ablenken wollten – obwohl mir scheint, dass uns das nur unvollkommen gelingen würde. Sie stammeln viele unzusammenhängende Worte zum Preise Gottes, wenn Gott sie nicht ordnet. Zumindest der Verstand taugt dazu überhaupt nicht. Die Seele möchte in laute Lobrufe ausbrechen und ist ganz außer sich. Ein herrliches Durcheinander!

Nun aber, nun öffnen sich die Blüten und sie beginnen sogleich zu duften. Da möchte die Seele, dass alle ihre Herrlichkeit sehen und erkennen zum Preise Gottes, und dass alle ihr beistehen und dass alle teilhaben an ihrem Glück, denn sie kann so viel nicht allein ertragen.

O helfe mir Gott! Was ist doch eine Seele in diesem Zustand! Sie möchte nichts als Zungen haben, um den Herrn zu preisen. Sie sagt tausend heilige Ungereimtheiten und trifft dabei immer das Rechte für den, der sie in diesen Zustand versetzte. Ich kenne eine Person[15], der, ohne Dichter(in) zu sein, es gelegentlich widerfuhr, dass sie rasch tief empfundene Strophen aufschrieb, in denen sie ihre Qual sehr gut zu verstehen gab. Nicht als Erzeugnis ihres Verstandes, sondern ein direkt an Gott gerichtetes Klagen, um sich noch mehr der Herrlichkeit zu erfreuen, die ihr aus der beglückenden Qual zuteil wurde. Leib und Seele wollten ihr zerspringen, um das Glück zu zeigen, das ihr diese Qual verursachte[16] (V 16; 1-4). –

Man muss sich hier ganz den Armen Gottes überlassen. Will er die Seele zum Himmel führen, so gehe sie; wenn in die Hölle, wird sie nicht leiden, denn sie geht mit ihrem höchsten Gut. Soll ihr Leben enden, so ist ihr das lieb, aber auch, wenn sie noch tausend Jahre leben soll. Seine Majestät verfahre mit ihr wie mit seinem Eigentum. Die Seele gehört nicht mehr sich selbst. Sie ist ganz dem Herrn dahingegeben und lasse alles Sorgen!

Diese Gebetsweise ist ganz offensichtlich die Vereinigung der ganzen Seele mit Gott. Aber Gott gibt hier scheinbar noch die Erlaubnis, dass die Seelenvermögen sein großes Werk wahrnehmen und es genießen. Es kann auch öfter geschehen, dass nur der Wille in tiefer Ruhe verweilt, Verstand und Gedächtnis dagegen so frei sind, dass sie Arbeiten aufnehmen und sich zu Werken der Nächstenliebe verstehen können, so dass das Leben der Seele aktiv und kontemplativ zugleich ist. (V 17; 2-4).

Gebet der Einung

Der Herr lehre mich Worte, mit denen ich etwas über die *vierte* Bewässerungsart sagen kann! Ich brauche hier seine Hilfe noch mehr als [bei der Beschreibung] der vorhergehenden Bewässerung, denn in ihr fühlte die Seele, dass sie noch nicht ganz »tot« [passiv] war, wenn ich so sagen darf, wenn auch der Welt abgestorben. Aber sie hatte doch so viel Bewusstsein [sentido], dass sie wahrnahm, was in ihr vorging, ihre Absonderung fühlte und sich des Äußeren bedienen konnte, um zu verstehen zu geben, was sie empfand, und sei es durch Zeichen.

In allen bisher dargelegten Gebetsarten tut der Gärtner noch etwas. Wenn auch in der vorhergehenden Weise die Arbeit von so viel Herrlichkeit und Freude begleitet war, dass die Seele nicht darüber hinausgehen mochte, denn sie erfuhr die Arbeit nicht als Mühe, sondern als Herrlichkeit.

Nun aber [in der vierten Bewässerungsart] gibt es keine Wahrnehmung mehr, sondern Beglückung, ohne zu erkennen, was einen beglückt[17]. Man weiß wohl, dass man sich eines Gutes erfreut, in das alle Güter eingeschlossen sind, aber man versteht dieses Gut nicht. Alle Sinne und Fähigkeiten sind mit diesem Glücksgefühl beschäftigt, so dass keine frei bleibt, um sich anderem innerlich oder äußerlich widmen zu können. – Die Seele hat keine Möglichkeit, ihre Glückserfahrung mitzuteilen. Alles [jede Aktivität] wäre ihr in diesen Momenten große Beeinträchtigung und Qual und Störung ihrer Ruhe. Ja, ich sage, dass ihr bei dieser Gotteinung[18] ihrer Vermögen keine Mitteilung möglich ist, selbst wenn sie es wollte. Und könnte sie es, so wäre es keine Gotteinung.

Das Wie und Was dieser so genannten Unio oder Gotteinung[19] kann ich nicht erklären. In der »mystischen Theologie« wird es erläutert, aber ich kann dieses Vokabular nicht gebrauchen. Ich weiß weder, was mit »mente« [mens] gemeint ist, noch verstehe ich den Unterschied zwischen Geist und Seele[20]. Alles scheint mir dasselbe, obwohl die Seele öfter aus sich heraustritt wie ein Feuer, das im Brennen aufflammt, und manchmal erhebt sich das Feuer mit Heftigkeit. Aber die Flamme, die aus dem Feuer emporschießt, ist doch deshalb nicht etwas anderes, sie kommt doch aus eben diesem Feuer (V 18; 1-2).

Es geschieht mir manchmal, dass ich nach oder vor dem Empfang solcher Gnaden – denn während des Vorgangs kann man wie gesagt überhaupt nichts machen – so spreche: »Herr, sieh doch, was du tust, und vergiss nicht so schnell meine großen Fehler. Du magst sie ja vergessen haben, um mir zu verzeihen, aber ich bitte dich, ihrer zu gedenken, um deinen Gnaden ein Maß zu setzen. Fülle doch, mein Schöpfer, keine so kostbare Flüssigkeit in ein so zerbrechliches Gefäß, denn du hast ja früher schon gesehen, dass ich sie immer wieder verschütte. Verwahre einen derartigen Schatz nicht dort, wo noch nicht gelernt wurde – und es müsste gelernt sein – ganz auf die weltlichen Befriedigungen zu verzichten. Das wäre eine schlimme Vergeudung! Wieso vertraust du die Sicherheit dieser Stadt und die Schlüssel zu ihrer Festung einem Bürgermeister an, der so feige ist, dass er den Feind schon beim ersten Ansturm einlässt? O ewiger König, mäßige deine Liebe! Gefährde nicht so kostbare Juwelen! Es könnte doch zum Anlass werden, dass man sie gering schätzt, wenn du sie einem so schlechten, niedrigen, schwachen und erbärmlichen Ding anvertraust. Jemandem von so wenig Befähigung, dass, wenn ich mich auch sehr bemühen würde, sie mit deiner Hilfe – und davon brauche ich nicht wenig, so wie ich nun einmal bin – nicht zu verlieren, ich dennoch niemandem damit nützen würde. Kurz, einer Frau, und keiner guten, sondern einer schlechten, bei der es scheint, als würden die

Gaben nicht nur verborgen, sondern vergraben im segenlosen Erdreich. –

So und ähnlich redete ich oft. Erst später sah ich meine Torheit und geringe Demut. Weiß doch der Herr sehr gut, was notwendig ist, und dass meine Seele nicht fähig wäre sich zu retten, versähe seine Majestät sie nicht mit so vielen Gnaden (V 18; 4, 5). –

Ich glaube, dass der Herr, der weiß, dass ich den Seelen Lust machen will auf ein so hohes Gut, mir dabei helfen wird. Auch werde ich nichts sagen, wenn ich nicht viel Erfahrung besäße. Es ist aber doch so, dass es mir, als ich über diese letzte Bewässerungsart zu schreiben begann, ganz unmöglich schien, sie zu behandeln. Das ist genauso schwierig, als sollte ich Griechisch sprechen! Mit dieser Erkenntnis gab ich es auf und ging zur Kommunion. Gepriesen sei der Herr, der so die Unwissenden begünstigt! O Tugend des Gehorsams, die du alles vermagst! Der Herr erhellte meinen Verstand, bald mit Worten, bald indem er mir vor Augen stellte, wie ich es sagen sollte. So wie er es tat bei der vorhergehenden Gebetsart, denn seine Majestät will offenbar sagen, was ich weder weiß noch ausdrücken kann.

Was ich hier sage, ist die reine Wahrheit, und so weit es gut ist, ist es seine Lehre. Das Schlechte kommt natürlich aus dem Ozean alles Schlechten, also von mir. Und darum sage ich: wenn es Personen gibt, denen der Herr die gleichen Gebetsgnaden erwies wie dieser Elenden – und das müssen viele sein – und sie möchten sich mit mir darüber beraten, weil sie vom Wege abgekommen sein könnten, so möge der Herr seiner Magd helfen, dass sie die Wahrheit vermittle!

Ich spreche nun also von jenem Wasser, das vom Himmel kommt, um mit seinem Reichtum den ganzen Garten zu durchdringen und zu durchfeuchten. Würde der Herr nie unterlassen, es, wenn nötig, zu senden, welch geruhsames Leben hätte dann der Gärtner! Und gäbe es keinen Winter, sondern immer ein mildes Klima, so fehlte es nie an Blüten und Früchten. Wie glücklich wär der Gärtner dann! Aber das ist unmöglich, solange wir leben. Immer müssen wir Sorge tragen, dass, wenn die eine Bewässerung fehlt, wir die andere beschaffen. Dieses Himmelswasser fällt oft dann hernieder, wenn der Gärtner gar nicht daran denkt. Allerdings ist es auch wahr, dass es anfangs oft auf ein langes inneres Gebet folgt. Denn der Herr transportiert dieses Vögelchen[21] von einer Stufe zur anderen und setzt es ins Nest, damit es ausruhen könne. Da er den Vogel während seiner langen Flüge gesehen hat, als dieser sich abmühte, mit Verstand und Willen und aus all seinen Kräften Gott zu suchen und zufrieden zu stellen, will er ihn noch in diesem Leben belohnen. Und welch großer Lohn! Ein Augenblick genügt, um alle nur möglichen Leiden zu kompensieren.

Während so die Seele Gott sucht, fühlt sie sich mit einem großen und sanften Glücksgefühl in eine Art Ohnmacht sinken, in der ihr der Atem und alle körperliche Kraft fehlen. Sie kann darum nur noch mit größter Mühe die Hände bewegen, die Augen schließen sich von selbst, oder, wenn sie offen bleiben, sieht sie so gut wie nichts. Ebenso wenig könnte sie, wenn sie lesen wollte, das Gelesene aussprechen, ja, sie kann die Buchstaben nicht einmal richtig erkennen. Sie sieht zwar einen Text, aber da der Verstand ihr nicht hilft, kann sie ihn nicht entziffern, selbst wenn sie es wollte. Sie hört, aber sie versteht das Gehörte nicht. So nützen ihr die Sinne nichts, es sei denn, um sie aus ihrem

Frieden herauszuführen. Eher also schaden sie ihr. Sie kann auch nicht sprechen, denn es gelingt ihr nicht, Worte zu formen. Und selbst wenn es ihr gelänge, hätte sie nicht die Kraft, sie auszusprechen. Denn alle äußere Fähigkeit ging verloren und sammelt sich in den wachsenden Fähigkeiten der Seele, ihre Herrlichkeit immer tiefer zu erfahren. Aber auch die äußere Seligkeit ist groß und ist klar erwiesen.

Dieses Gebet verursacht keinen Schaden, wie lang es auch dauern mag. Mir jedenfalls hat es nie geschadet, und ich kann mich nicht erinnern, dass ich mich – so krank ich auch sein mochte – je schlecht gefühlt hätte, wenn mir der Herr diese Gnade erwies. Eher fühlte ich mich danach viel wohler. Wie könnte denn auch ein so großes Gut Schlechtes bewirken? Die äußeren Wirkungen sind so unverkennbar, dass man an deren erhabener Ursache nicht zweifeln kann. Denn der Verlust der Fähigkeiten ist von einem großen Glücksgefühl begleitet, aus dem sie gestärkt hervorgehen.

Allerdings ist es wahr, dass anfangs dieses Gebet [dieser kontemplative Zustand] so schnell vorübergeht – mir jedenfalls ging es so –, dass man diese äußeren Zeichen und das Fehlen der Sinne wegen der Kürze nicht so sehr wahrnimmt. Sehr gut aber erkennt man die Fülle der Gnaden, denn so stark war ihr Sonnenlicht, dass die Seele einfach dahinschmolz. Überhaupt, das muss man sich merken, ist der Zeitraum, in dem alle Seelenvermögen aufgehoben sind, meines Erachtens auch in seiner längsten Dauer recht kurz: Selbst wenn es eine halbe Stunde anhält, wäre das sehr viel. Ich jedenfalls, meine ich, habe es nie so lang erfahren. Zwar ist es richtig, dass man die Dauer, die man nicht spürt, schlecht abschätzen kann. Aber ich kann doch sagen, dass immer schon nach kurzer Zeit irgendeines der Seelenvermögen in seinen Normalzustand zurückkehrt. Der Wille behält die Führung, aber die beiden anderen Vermögen werden bald wieder lästig. Da der Wille ruhig bleibt, zieht er sie wieder in die Versunkenheit zurück, in der sie kurz verweilen, um sich abermals neu zu beleben.

Damit kann man allerdings einige Stunden im Gebet verbringen. Denn wenn die beiden Vermögen [Verstand und Gedächtnis] beginnen, vom Genuss des göttlichen Weines trunken zu werden, kommen sie leicht wieder in die Versenkung [Aufhebung], aus der sie sodann höchst bereichert zurückkehren. Und sie begleiten den Willen, und alle drei vereinen sich in der gleichen beglückenden Erfahrung. Aber dieses gänzliche Versunkensein, in dem auch die Einbildungskraft zu nichts wurde, ist wie gesagt von kurzer Dauer. Wenn auch die beiden Vermögen nicht so völlig wieder ihre Tätigkeit aufnehmen, dass sie nicht für einige Stunden noch unselbständig bleiben und Gott sie von Zeit zu Zeit wieder zu sich hereinziehen kann.

Wir kommen nun zu dem, was hier im Innern der Seele vor sich geht. Möge davon sprechen, wer es vermag. Denn man kann es nicht verstehen und noch viel weniger sagen!

Als ich dies schreiben wollte, hatte ich gerade die heilige Kommunion empfangen und befand mich in eben diesem kontemplativen Zustand [Gebet], den ich hier jetzt behandle. Da sprach der Herr zu mir folgende Worte: »Die Seele löst sich ganz auf, Tochter, um besser in mich eingehen zu können. Und nicht sie ist es, die lebt, sondern ich[22].« Da die Seele nicht begreifen kann, was sie vernimmt, versteht sie, indem sie nicht versteht[23].

Wer es schon erfahren hat, wird das Gesagte einigermaßen begreifen, denn dieses Geschehen ist so dunkel, dass man es nicht klarer ausdrücken kann. Ich könnte nur sagen, dass die Seele erfährt, dass sie mit Gott vereint ist. Davon bleibt ihr eine Gewissheit, die sich in keiner Weise anzweifeln lässt. Hier sind alle Seelenvermögen aufgehoben und sie sind so überaus versunken, dass man, wie ich schon sagte, in keiner Weise ihr Wirken wahrnimmt. Hatte die Seele an einen heiligen Text gedacht, ist er nun so gänzlich aus ihrem Gedächtnis geschwunden, als hätte sie nie daran gedacht. Las sie, so gibt es keine Erinnerung an das Gelesene, kein dabei Verweilen. Ebenso geht es mit dem Beten. So dass diese lästige Motte des Gedächtnisses sich hier die Flügel verbrennt[24]. Sie kann nicht mehr flattern. Der Wille geht wohl gänzlich auf im Lieben, aber er versteht nicht, wie er liebt. Der Verstand, wenn er versteht, versteht nicht, wie er versteht. Zumindest kann er nichts von dem begreifen, was er versteht. Mir scheint es nicht so, als verstehe er, da er sich, wie ich sagte, nicht versteht. Mir gelingt es nicht, das zu verstehen! –

Man muss wissen und erkennen, dass das Himmelswasser, diese höchste Gunst Gottes, die Seele mit großem Gewinn zurücklässt, wovon ich jetzt berichten will (V 18; 8-15).

Der Seele bleibt von diesem Gebet und der Einung eine große Zärtlichkeit, so dass sie sich auflösen möchte – nicht vor Schmerz, sondern in Freudentränen. Sie sieht sich ganz in Tränen gebadet, ohne zu wissen, wieso, wann und wie. Aber es verursacht ihr große Seligkeit, wenn die Heftigkeit des Feuers mit einem Wasser gelöscht wird, das es noch mehr entfacht[25].

Was ich hier sage, scheint ja Arabisch [Kauderwelsch] zu sein, aber so ist es. Es geschah mir öfter, dass ich am Ende des Gebets so außer mir war, dass ich nicht wusste: War das ein Traum oder hatte ich wirklich diese Herrlichkeit erfahren? Doch da ich mich in Tränen fand, deren Wasser so schnell und heftig strömte, als entlüde sich jene Himmelswolke [des »vierten Wassers«], sah ich, dass es kein Traum gewesen war. Nur anfangs hatte ich diese Zweifel, als das Gebet noch so kurz war.

Die Seele bekommt von dieser Erfahrung so viel Mut, dass sie sich jetzt mit Freuden für Gott in Stücke reißen ließe. Nun ist die Zeit der heldenmütigen Entschlüsse und Versprechungen, der lebensbestimmenden [heiligen] Wünsche, nun beginnt sie die Welt zu verachten, deren Eitelkeit sie klar durchschaut. Sie ist schon viel weiter und höher entwickelt als auf den vorhergehenden Gebetsstufen, und die Demut hat erheblich zugenommen. Denn die Seele sieht deutlich, dass sie sich eine so überschwängliche und großartige Gnade nicht selbst erwerben konnte, dass sie nichts beitrug, um sie zu erhalten und zu behalten. Sie erkennt ihre völlige Unwürdigkeit, denn in einem sonnendurchfluteten Zimmer bleibt kein Spinnengewebe verborgen: sie erkennt ihr Elend. Sie ist aller eitlen Ruhmsucht so fern, dass ihr scheint, sie könne ihr nie verfallen, denn sie sieht ja mit eigenen Augen, wie wenig oder nichts sie [zur Erlangung dieser Gnade] beizutragen vermag. Gab es sie doch fast ohne ihre Zustimmung, ja, es scheint, dass sich selbst gegen ihren Willen die Türen aller Sinne und Vermögen schlossen, damit sie sich des Herrn erfreuen könne. Und wenn sie mit ihm allein bleibt, was könnte sie denn tun als ihn lieben?

Sie löst sich auf in Lobpreisungen Gottes, und auch ich möchte mich jetzt auflösen. Sei gepriesen, mein Herr, der du aus so schmutzigem Schlamm, wie ich es bin, reines Wasser für deinen Tisch gewannst! Sei gepriesen, o Entzücken der Engel, der du einen so niederen Wurm derart erheben willst!

Dieser innere Fortschritt hält einige Zeit an. Die Seele, im klaren Bewusstsein, dass nicht ihr die Früchte gehören[26], kann beginnen sie auszuteilen. Sie bedarf ihrer nicht für sich selbst. Sie erweist sich nun als eine Seele, die Schätze des Himmels in sich birgt. Sie möchte sie gern mit anderen teilen und fleht Gott an, nicht nur sie selber reich sein zu lassen. Sie wird ihren Mitmenschen allmählich nützlich, ohne selbst zu wissen, wieso, denn sie tut von sich aus ja nichts. Die Mitmenschen aber merken es, denn die Blumen strömen einen starken Duft aus, der sie anzieht. Sie erkennen die Werte [Tugenden] und sehen die begehrenswerte Frucht, die zu verzehren sie helfen möchten.

Ist das Erdreich gut umgegraben durch Leiden, Verfolgungen, üble Nachrede und Krankheiten – denn ohne alles dieses werden nur wenige so weit gelangen – und ist es locker durch die Auflösung der Selbstsucht, dann wird es sich so mit Wasser durchtränken, dass es fast nie mehr austrocknet. Handelt sich aber um harten und dornenreichen Boden, wie ich ihn anfangs bot, die ich weder die Gelegenheiten zur Sünde gänzlich mied, noch den mir erwiesenen großen Gnaden mit entsprechender Dankbarkeit begegnete, so fällt das Erdreich in seine Trockenheit zurück (V 19; 1-3). –

Aber auch wenn die Seele von Gott schon hohe Gebetsgnaden erhält, misstraue sie sich selbst, denn sie kann noch fallen. Auch meide sie Versuchungen. – Denn das ist die Täuschung, mit der der Teufel erntet: Sobald sich eine Seele Gott so nahe sieht und den Unterschied zwischen irdischem Wohlsein und himmlischem Heil erkennt und sieht, welche Liebe ihr der Herr erweist, so erwachsen ihr aus dieser Liebe Vertrauen und Sicherheit, aus diesem glücklichen Zustand nicht wieder herauszufallen. Sie meint schon klar den Lohn zu schauen und hält es nicht für möglich, etwas schon in diesem Leben so Liebliches und Beseligendes wegen etwas so Niedrigem und Schmutzigem, wie es die irdische Lust ist, zu verlassen. Und mit diesem Vertrauen nimmt ihr der Teufel das Misstrauen, das sie sich selbst gegenüber haben sollte. Ja, ich möchte sagen, sie begibt sich mit ihrem Vertrauen in Gefahren und möchte eifrig und maßlos von ihren Früchten austeilen, wobei sie meint, es gäbe für sie nichts mehr zu fürchten. Und das nicht etwa aus Hochmut, denn sie weiß, dass sie aus sich nichts vermag, sondern aus einem unkritischen großen Gottvertrauen, wobei sie nicht sieht, dass sie [gleich einem jungen Vogel] noch schwache Flaumfedern hat. Sie kann darum aus dem Nest hüpfen und auch Gott hebt sie heraus. Aber sie vermag noch nicht zu fliegen. Denn ihre Tugenden sind weder schon erstarkt noch besitzt sie Übung im Erkennen der Gefahren. So weiß sie auch nichts vom Schaden, der aus dem Selbstvertrauen erwachsen kann.

Daran war ich gescheitert. Hierfür und überhaupt braucht man sehr notwendig geistliche Führer und Umgang mit spirituell erfahrenen Personen. Ich glaube fest, dass Gott einer Seele, die von ihm bis auf diese Stufe geführt wurde und die ihn nicht gänzlich verlässt, weder seine Gnade entzieht noch zulässt, dass sie verloren geht. Sollte sie nun aber wie gesagt wieder fallen, so möge sie sich doch bitte um Gottes willen nicht täuschen lassen und das innere Gebet aufgeben. So tat ich es ja in meiner falschen Demut, von der ich schon sprach und vor der ich immer wieder warnen möchte[27].

Die Seele vertraue der Güte Gottes, die größer ist als alle Schlechtigkeiten, die wir begehen könnten. Gott gedenkt unserer Undankbarkeit nicht, wenn wir in rechter Selbsterkenntnis zu seiner Freundschaft zurückkehren möchten .–

O Herr meiner Seele! Wer fände Worte, um erkennen zu machen, was du denen gibst, die in dich vertrauen, und was jene verlieren, die bis zu dieser Stufe kommen und dann bei sich selber hängen bleiben. Lasse das, Herr, mit mir nicht geschehen, denn schon mehr als dieses hast du für mich getan, da du in eine so erbärmliche Herberge wie die meine gekommen bist. Sei gepriesen für alle Zeit und in Ewigkeit! (V 22; 13-15 u.17).

Mystische Phänomene

Visionen

Eines Tages, als ich ins Gebet versenkt war, wollte mir der Herr einzig seine Hände zeigen, deren unvergleichliche Schönheit ich nicht zu schildern vermag. Wie immer, wenn mir der Herr zum ersten Male eine übernatürliche Gnade erweist, wurde ich von großer Furcht ergriffen. Aber schon wenige Tage später erblickte ich auch jenes göttliche Antlitz, das mich wie betäubt zurückließ. Ich konnte nicht begreifen, warum der Herr, der sich mir später in seiner Gnade doch ganz zeigen wollte, sich so nach und nach

S. Ioᵃ a Cruce, ac S. M. Theresia de Trinitatis mysterio inter se colloquentibus, in aera ille sublatu quoque, cui adhęserat, sede, hęc, ut erat, genuflexa, in flagrantissimę Charitatis rapiuntur

Teresa mit Johannes vom Kreuz in Levitation. Stich von Franciscus Zucchi, Parma 1891, mit folgender Inschrift: »St. Johannes vom Kreuz und St. Mutter Teresa werden von der flammenden Liebe ergriffen, während sie vom Mysterium der Dreifaltigkeit sprechen und beide – er in seinem Sessel, sie im Knieen – schweben in der Luft.«

sehen ließ. Bis ich dann verstand, dass Seine Majestät aus Rücksicht auf meine natürliche Schwachheit so vorging.

Sie [der Beichtvater García de Toledo] werden vielleicht meinen, es sei keine große Anstrengung, ein paar Hände und ein so schönes Gesicht zu schauen. Die verklärten Leiber[28] sind aber in ihrer übernatürlichen Herrlichkeit von solcher Schönheit, dass man außer sich gerät. Ich empfand Furcht, war verwirrt und erregt, wenn ich auch später so sichere und gewisse Wirkungen in mir verspürte, dass diese Furcht sich rasch wieder verlor.

Am Festtag des heiligen Paulus [25. Januar 1562], während der Eucharistiefeier, erschien mir die ganze Heilige Menschheit so, wie man den Auferstandenen zu malen pflegt. In all der Schönheit und Majestät, wie ich sie Ihnen auf Ihren Wunsch bereits genau beschrieben habe[29], was mich schwer ankam, denn man kann davon nicht sprechen ohne das innere Gleichgewicht zu verlieren. Aber ich drückte es aus, so gut ich eben konnte, und ich möchte das jetzt nicht wiederholen. Ich sage jetzt nur, dass, wenn im Himmel nichts anderes den Blick erfreuen würde als die große Herrlichkeit der verklärten Leiber, dieses größte Seligkeit wäre. Das gilt ganz besonders für die Menschheit Jesu Christi, unseres Herrn. Wenn sich Seine Majestät hier auf Erden so weit zeigt, wie es unsere Schwachheit erträgt, wie wird es dann erst sein, wenn man ein solches Gut gänzlich erfahren kann?

Diese Vision, wenn es auch eine bildhafte war, sah ich doch nie (und auch andere nicht) mit den leiblichen Augen, sondern mit den Augen der Seele[30]. Die sich besser darauf verstehen als ich, erklären, meine zuvor geschilderte Vision[31] sei vollkommener als diese letzte, die letzte aber mehr als ein Schauen mit den leiblichen Augen. Denn das ist die niederste Visionenart, weil hier der Teufel die meisten Illusionen erzeugen kann. Allerdings vermochte ich das damals noch nicht zu verstehen, so sehr wünschte ich mir die Gnade einer Schau mit leiblichen Augen, damit der Beichtvater nicht sagen konnte, ich bilde mir das alles nur ein. – Doch der Herr beeilte sich, mir die gleiche Gnade wieder zu erweisen und ihre Echtheit zu klären, und so nahm er mir schnell die Zweifel, ob ich nur Wunschbilder gesehen hatte. Nachträglich erkenne ich klar meine Dummheit. Denn wenn ich auch viele Jahre mit dem Bemühen zubrächte, mir eine solche Schönheit vorzustellen, könnte und vermöchte ich es doch nicht, denn sie übersteigt jede Einbildungskraft, allein schon die Weiße und der Glanz!

Es ist kein Glanz, der blendet, sondern ein sanftes Weiß und inneres Leuchten[32], das dem Blick äußerst wohl tut und ihn nicht ermüdet, auch nicht die Klarheit, in der die so göttliche Schönheit erscheint. Das Licht ist vom irdischen so verschieden, und der Sonnenschein erscheint dem Blick im Vergleich zu diesem Licht und dieser Klarheit so matt, dass man nachher nicht wieder die Augen öffnen möchte. Es ist wie helles Wasser, das über Kristall läuft und in dem sich die Sonne spiegelt, verglichen mit einem sehr trüben und wolkenbedeckten auf dem Erdboden. Ich sage das nicht wegen der sich zeigenden Sonne, sondern weil dieses Licht dem Sonnenlicht unvergleichbar ist, demgegenüber es kurz gesagt wirkt wie das natürliche Licht gegenüber dem künstlichen [z.B. einer Kerze]. Es ist ein Licht, das keine Nacht kennt, immer leuchtend, nichts kann es trüben. Ein Licht also, dass sein Lebtag niemand, wie hoch begabt er auch sein möge, sich diese Realität vorstellen könnte. Und Gott bringt es so plötzlich vor Augen, dass nicht einmal Zeit wäre, sie zu öffnen, wenn es aufs Öffnen ankäme. Es ist aber gleichgültig, ob sie offen oder geschlossen sind, wenn der Herr es geben will. Denn man sieht es auch, wenn man es nicht sehen will. Da hilft weder ein Sichabwenden noch der Versuch zu Widerstehen, auch könnten weder Fleiß noch Bemühen es hervorbringen. Das habe ich deutlich erfahren (V 28; 1-5).

Levitationen

Ich möchte mit Gottes Hilfe den Unterschied erklären zwischen [dem Gebet der] Einung[33] und Aufhebung oder Levitation, die man Geistesflug nennt oder Entrückung, was alles dasselbe ist. Ich sage, dass diese verschiedenen Namen nur eines bezeichnen, das auch Ekstase genannt wird. Sie ist dem Gebet der beginnenden Einung sehr überlegen, denn ihre Wirkungen sind größer[34], sowohl innerlich wie äußerlich. Möge der Herr es erklären, so wie er es zuvor schon tat. Denn wenn mir der Herr nicht eingäbe, auf welche Art und Weise ich etwas darlegen kann, wäre es mir bestimmt nicht möglich.

Wir wollen jetzt die letzte Bewässerungsart betrachten. Sie gibt so reichlich Wasser – sofern die Bodenbeschaffenheit es zulässt – dass man glauben könnte, diese Wolke der großen Majestät berühre mit uns das Erdreich. Aber während wir ihm für diese große Gnade danken und das mit Werken besiegeln, so sehr wir irgend können, ergreift der Herr die Seele, so möchten wir jetzt sagen, nicht anders, als wie die Wolken den Dunst der Erde in sich aufnehmen. Und er erhebt sie gänzlich über sich selbst. Ich habe gehört, dass so die Wolken den Dunst absorbieren, oder die Sonne tut es. Die Wolke aber steigt hinauf zum Himmel und nimmt die Seele mit, sie beginnt ihr etwas von dem Reich zu zeigen, das der Herr für sie bereitet hat. Ich weiß nicht, ob mein Vergleich trifft, aber so geschieht es wirklich.

Während dieser Ekstasen scheint die Seele den Leib nicht mehr zu beleben, und so fehlt es ihm sehr empfindlich an Wärme. Er kühlt ab, wenn auch mit einem sehr sanften und angenehmen Gefühl. Man kann dabei keinerlei Widerstand leisten, wie es beim Gebet der beginnenden Einung noch möglich ist, denn in ihm befinden wir uns noch auf eigenem Boden. Daher können wir noch widerstehen, wenn auch nur schwer und mit Anstrengung, aber immerhin oder doch meistens. Hier aber, bei dieser Ekstase, ist kein Widerstand möglich. Stattdessen kommt oft, ohne Vorankündigung, ohne einen Gedanken oder eine Möglichkeit der Hilfe eine so schnelle und starke Bewegung [Impetus], dass ihr seht und fühlt, wie sich diese Wolke oder dieser mächtige Adler erhebt und euch auf Flügeln hinanträgt.

Und ich sage, dass man sich hochgehoben erfährt, ihr merkt es und wisst nicht, wohin es geht. Denn wenn es auch von einem Glücksgefühl begleitet ist, gibt uns die Schwachheit unserer Natur anfangs doch Furcht ein. Wir brauchen aber eine kühne Entschlossenheit und Mut – viel mehr als für das schon Berichtete. Denn nun heißt es alles wagen, komme, was da wolle. Sich den Händen Gottes anvertrauen und sich führen lassen, wohin er will. Freiwillig, denn auch gegen euren Willen werdet ihr hinweggetragen. Diese Überwältigung ist ganz extrem, ich habe oft versucht zu widerstehen, und ich setze[35] alle Kräfte ein, besonders, wenn es in der Öffentlichkeit geschieht, aber oft auch im Verborgenen, weil ich fürchte, getäuscht zu werden. Manchmal vermochte ich ein wenig, wenn es auch die Kräfte gewaltig überstieg, wie bei jemandem, der mit einem Herkules kämpft und hinterher erschöpft zurückbleibt. Andere Male aber war Widerstand unmöglich, meine Seele wurde entführt. Meist folgte ihr der Kopf und manchmal wurde auch der ganze Körper emporgehoben.

Das geschah allerdings nur selten, einmal allerdings, als wir gerade im Chor beisammen waren und ich zum Empfang der Kommunion niederkniete. Es war mir höchst peinlich, denn ich hielt es doch für etwas sehr Ungewöhnliches, das Aufsehen erregen würde. Und da es sich ereignete, nachdem ich Priorin wurde, verbot ich den Nonnen, davon zu sprechen. Doch geschah es auch bei anderen Gelegenheiten, einmal in Anwesenheit hoch gestellter Damen während einer Predigt zum Patronatsfest des heiligen Joseph. Da spürte ich, wie der Herr es wieder tun wollte. Ich warf mich zu Boden, und man versuchte mich festzuhalten, aber vergeblich, es wurde bemerkt[36]. Ich flehte zum Herrn, er möge mir keine Gnaden mehr schenken, die nach außen sichtbar würden, denn ich war es leid, ständig in solcher Unsicherheit zu leben, und der Herr könne mir schließlich jene Gnade auch unbemerkt erweisen. Es scheint, als habe er mich in seiner Güte erhören wollen, denn bis jetzt ist es nicht wieder vorgekommen. Allerdings ist das noch nicht lange her[37].

Es kam mir ja, wenn ich mich sträuben wollte, so vor, als seien unter meinen Füßen ganz unvergleichliche Kräfte am Werke, die mich emporhoben. Dahinter stand ein ganz anderer Schwung [Impetus] als bei sonstigen spirituellen Dingen [mystischen Erfahrungen], und so war ich hinterher ganz zerschlagen. Denn das ist ein harter Kampf, und schließlich nützt es einem wenig, wenn der Herr es will. Nichts vermag etwas gegen seine Macht. Manchmal will er sich damit zufrieden geben, uns seine Gnadenabsicht nur spüren zu lassen. Er besteht nicht darauf, wenn er sieht, dass wir uns aus Demut sträuben. Dann schenkt er uns die gleichen Wirkungen, als wenn wir zugestimmt hätten.

Diese Wirkungen sind groß: Zunächst zeigt sich darin die gewaltige Macht des Herrn, so dass, wenn er es will, wir weder imstande sind, über den Körper zu verfügen, noch über die Seele. Sie gehören uns nicht. Stattdessen sehen wir ganz gegen unseren Willen, dass es Höheres gibt und der Herr diese Gnaden schenkt, – wir selbst vermögen nichts von Nichts – , und so wird uns viel Demut eingeprägt. Ich gestehe auch, dass ich große Furcht empfand, anfangs eine ganz gewaltige! Denn wenn der Körper so von der Erde abhebt, verliert man ja nicht die Wahrnehmungsfähigkeit, auch wenn der Geist ihn nach sich zieht und zwar mit großer Sanftheit, sofern er keinen Widerstand leistet. Ich jedenfalls war so bei Sinnen, dass ich begreifen konnte, dass ich emporgetragen wurde. Der das vermag, offenbart dabei eine solche Majestät, dass sich mir die Haare sträubten. Davon bleibt dann große Furcht, sich an solch einem großen Gott zu versündigen, eine Furcht, die in noch größere Liebe gehüllt ist. Diese Liebe fassen wir immer aufs Neue zu Dem, der uns fühlen lässt, wie sehr er einen so verweslichen Wurm liebt, so dass es scheint, es genüge ihm nicht, nur die Seele wahrhaft zu sich heranzuziehen, nein, er will auch den Körper, so sterblich und irdisch und von vielen Sünden beschmutzt dieser auch sein mag (V 28; 1-7). –

Manchmal scheint es, als gehe die Seele in großer Not umher, wobei sie innerlich sagt und fragt: *Wo ist dein Gott?* [Psalm 41,4]. Ich muss gestehen, dass ich anfangs die Bedeutung dieses Psalms selbst in meiner Muttersprache nicht recht verstand. Später aber, als ich ihn verstanden hatte, tröstete es mich zu sehen, dass sie der Herr mir ohne mein Zutun ins Gedächtnis rief. Und ich erinnerte mich auch daran, dass der heilige Paulus gesagt hatte, *er sei der Welt gekreuzigt* [Gal 6, 14]. Ich will damit nicht sagen, dass es mit mir ebenso sei, das ist mir bewusst. Aber die Seele scheint in einer Verfassung, in der sie weder im Himmel weilt, von dem sie keinen Trost empfängt, noch auf der Erde, deren Trost sie nicht will. So leidet sie gekreuzigt zwischen Himmel und Erde, ohne von irgendeiner Seite Hilfe erwarten zu können. Denn die ihr vom Himmel kommt, die, wie ich schon sagte[38], eine so wunderbare Botschaft ist, dass sie all unsere Wunschmöglichkeiten übersteigt, vergrößert nur ihre Qual. Denn ihr Verlangen wächst dadurch so, dass sie, wie mir scheint, manchmal der Schmerz ihrer Sinne beraubt, wenn auch immer nur für kurze Zeit.

Es ist wie Todesnöte, allerdings mit so viel Glück im Leiden, dass ich keinen Vergleich dafür finde. Es ist wie ein hartes köstliches Martyrium, denn von allem, was sich die Seele an Irdischem vorzustellen vermag, und sei es das Allerherrlichste, mag sie nichts mehr wissen. Darum scheint sie es abzuweisen.

Sie weiß wohl, dass sie nichts wünscht als ihren Gott, aber sie liebt an ihm nichts im Einzelnen, sondern alles zugleich und so weiß sie nicht, was sie liebt. Ich sage »weiß nicht«, weil ihr die Vorstellungskraft nichts bietet, wie überhaupt die geistigen Vermögen längere Zeit nicht arbeiten. Die Aufhebung der inneren Aktivitäten, die sonst vom Glück der Einswerdung und Ekstase bewirkt wird, findet hier durch den Schmerz statt.

O Jesus! Wenn ich Ihnen [dem Beichtvater] doch recht deutlich machen könnte wie das ist! Wenn auch nur, damit Sie mir sagen könnten, um was es sich handelt, denn es ist jetzt die ständige Erfahrung meiner Seele (V 28; 11-12). –

So gewinnt man die wahre Demut, damit man nichts darauf gebe, dass man selbst oder andere Gutes von einem sagen könnten. Der Herr des Gartens und nicht die Seele teilt die Früchte aus, und so bleibt ihr nichts davon an den Händen haften. All ihr Gutes verweist auf Gott. Spricht sie in etwa von sich selbst, so geschieht es zu Ehren Gottes. Sie weiß, dass der Gärtner [sie selber] hier nichts besitzt, und selbst wenn sie es wollte, könnte sie es nicht leugnen. Denn ob sie es will oder nicht, ihre Augen sind dem Weltlichen verschlossen, damit sie sie geöffnet halte zur Erkenntnis der Wahrheit (V 28; 29).

Kontemplative Klöster

Als die Schwestern dieses Klosters zum heiligen Joseph erfuhren, dass ich von meinem derzeitiger Beichtvater, dem Pater Magister[39] Domingo Báñez O.P. die Erlaubnis erhalten hatte, etwas über das Gebet zu schreiben, lagen sie mir damit derart in den Ohren, dass ich beschloss, es zu tun. Es scheint, dass mir das Vorhaben gelingen könnte, denn ich bin mit vielen geistlichen und heiligen Menschen umgegangen. Und in Anbetracht der großen Liebe der Schwestern zu mir wäre es möglich, dass das Unvollkommene und die stilistische Schwäche meines Redens besser überkäme als die vorzüglich geschriebenen Bücher gelehrter Autoren über diesen Gegenstand. Auch vertraue ich auf die Gebete der Schwestern, so dass es dem Herrn gefallen könnte, mir zu helfen, etwas Rechtes über die Art und Weise des Lebens zu sagen, wie es in diesem Hause geführt werden soll. Würde es mir jedoch misslingen, so möge der Pater Magister, der es als Erster zu sehen bekommen wird, es korrigieren oder verbrennen. Ich werde dann nichts verloren haben, weil ich diesen Dienerinnen Gottes gehorchte. Und sie werden erkennen, was ich von mir aus bin, wenn Seine Majestät mir nicht hilft.

Ich möchte den Schwestern ein paar Hilfen gegen einige kleinere Versuchungen des Teufels geben, die wegen ihrer Geringfügigkeit vielleicht nicht beachtet werden. Und von noch Weiterem will ich sprechen, so, wie der Herr es mir zu verstehen gibt und wie ich es vermag. Denn da ich nicht weiß, was ich sagen werde, kann ich das auch nicht nach einer bestimmten Ordnung. Und ich glaube, es ist besser, das auch gar nicht zu versuchen, denn was ich hier tue, fällt ja ohnehin aus dem Rahmen. Der Herr möge mir beistehen während der Arbeit, damit ich in Übereinstimmung mit seinem heiligen Willen vorgehe, denn das ist immer mein Wunsch, wenn auch die Verwirklichung so fehlerhaft ist wie ich selber es bin.

Ich weiß, dass es mir nicht an Liebe und Engagement mangelt, wenn ich so gut ich kann dazu beitragen möchte, dass meine Schwestern im Dienste des Herrn tüchtig vorankommen. Und diese Liebe, zusammen mit den Jahren und der Erfahrung bezüglich einiger Klöster, könnte mir helfen, dass ich in Geringfügigkeiten besser das Rechte treffe als die Gelehrten. Denn diese, in ihrer Eigenschaft als starke Männer mit anderem und Wichtigerem beschäftigt, kümmern sich wenig um unbedeutende Dinge. Uns Frauen aber, schwach wie wir sind, kann alles schaden. Der Teufel nämlich ersinnt viele Listen gegen jene, die in strenger Klausur leben, er sieht, dass er neue Waffen schmieden muss, um sie zu Fall zu bringen[40]. Ich, unzureichend wie ich bin, habe mich immer schlecht zu verteidigen gewusst, und ich hoffe darum, dass mein Beispiel den Schwestern zur Warnung dienen wird. Ich will auch nichts schreiben, was ich nicht aus eigener Erfahrung kenne oder an anderen beobachtete.

Vor kurzem wurde mir aufgetragen, eine Art von Lebensbericht zu verfassen[41], wobei ich auch einige Gebetsfragen behandelte. Es könnte sein, dass mein Beichtvater nicht wünscht, dass ihr diesen Bericht zu sehen bekommt, darum bringe ich hier abermals etwas von dem darin Gesagten, aber auch noch Weiteres, das mir ebenfalls als notwendig erscheint. Der Herr stehe mir bei, so wie ich ihn bat, und lasse es zu seiner größeren Ehre gereichen, amen (CV; Prolog)[42].

[Teresa hörte von den calvinistischen Bilderstürmern in Frankreich[43], von zerstörten Kirchen und brennenden Klöstern. Sie möchte alle Kirchenspaltungen bekämpfen durch ein wirksames Gebet. Hier beginnt ihre Lebensaufgabe der Reform:].

Da ich mich aber sah als Frau und machtlos, ohne jede Möglichkeit dem Herrn nützlich zu sein, wie ich es wollte, fühlte und fühle ich in mir einzig den Wunsch, dass unter seinen vielen Feinden und wenigen Freunden doch diese Freunde gut sein möchten. Darum beschloss ich, das Wenige mir Mögliche zu tun und den evangelischen Räten in aller Vollkommenheit zu folgen, dabei auch die paar Nonnen hier zu Gleichem zu bewegen. Ich vertraute auf Gottes große Güte, der nie versäumt, dem zu helfen, der bereit ist, alles für ihn zu verlassen. Und ich malte mir die Nonnen als so vorzüglich aus, dass inmitten ihrer Tugenden meine Fehler wirkungslos blieben und ich so dem Herrn genügen könnte. Denn wenn wir uns alle dem Gebet widmeten für die Verteidiger der Kirche, die Prediger und die Gelehrten, würden wir auch diesem meinem Herrn, der sich bedrängt sieht von jenen, denen er so viel Gutes tat, nach Kräften helfen.[44]

O meine Schwestern in Christo! Helft mir zum Herrn zu beten, denn dafür habe ich euch hier versammelt! Das ist eure Klage, das ist eure Aufgabe, das sind eure Wünsche, das sind eure Tränen, das eure Bitten. Bittet nicht, meine Schwestern, für die Geschäfte der Welt. Ich muss lachen, aber auch mich betrüben über die Anliegen, für die man uns aufträgt, zu Gott zu flehen. Wir sollen seine Majestät bitten um Geld und Renten, und zwar für Personen, denen ich wünschen würde, sie bäten Gott, das alles mit Füßen treten zu können! Sie sind ja guter Absicht und wir entsprechen ihrem Wunsche, weil wir ihr Vertrauen sehen, aber im Stillen denke ich doch, dass Gott mich mit solchen Bitten niemals erhört. Die Welt steht in Flammen, sie wollen Christus abermals verurteilen, so geht ihre Rede, denn sie rufen tausend Zeugen gegen ihn auf. Sie wollen seine Kirche dem Erdboden gleichmachen, und wir sollen unsere Zeit für Dinge vergeuden, durch deren Gabe wir eine Seele weniger im Himmel hätten? Nein meine Schwestern, die Zeiten sind nicht danach, dass wir uns mit bedeutungslosen Angelegenheiten an Gott wenden könnten.

Gewiss bin ich bereit, der menschlichen Schwachheit, die in allem Hilfe begehrt – und zwar von uns, als wären wir etwas – Zugeständnisse zu machen. Aber ich wäre doch froh, wenn man verstände, dass es nicht solche Dinge sind, um die man Gott inständig bitten sollte (CV 1, 1-6).

Das Vaterunser als Weg zur Versenkung

Vater unser: O mein Herr, wie zeigst du dich ganz als Vater eines solchen Sohnes, und wie zeigt sich der Sohn ganz als Sohn eines solchen Vaters! Sei dafür gepriesen in Ewigkeit! Aber warum sparst du dir eine Gabe von solcher Größe nicht für das Ende des Gebetes auf? Gleich am Anfang füllst du uns die Hände und erweist uns so große Gnade, dass unser Verstand an seine Grenze gelangt und der Wille so beschäftigt ist, dass es ihm die Sprache verschlägt.

O wie gut, Töchter, könnte sich hier schon die vollkommene Kontemplation einstellen! O wie sehr hätte die Seele jetzt Anlass zur Einkehr, um sich dann besser selbst übersteigen zu können! Gibt ihr doch dieser heilige Sohn zu verstehen, wo sein Vater sich aufhält, nämlich im Himmel. Geht hinaus über die Erde, meine Töchter, denn wenn wir eine solche Gnade erst einmal verstanden haben, dürfen wir sie nicht gering schätzen und der Erde verhaftet bleiben.

O du mein Herr und Sohn Gottes, warum gibst du so viel gleich mit dem ersten Wort? Wo du dich doch schon aufs Äußerste demütigst, indem du dich uns im Gebet vereinst und dich zum Bruder von etwas so Niedrigem und Erbärmlichem machst: Warum gibst du uns im Namen des Vaters alles, was man nur geben kann mit deinem Wunsche, dass er uns als Kinder annehme und mit deinem Wort, das niemals irrt? So verpflichtest du ihn ja, und das will viel heißen, da er uns als unser Vater ertragen muss, wie groß auch immer unsere Verfehlungen gegen ihn sein mögen. Wenn wir zu ihm umkehren wie der verlorene Sohn, muss er uns verzeihen, muss uns im Kummer trösten, muss uns erhalten wie es nur ein Vater tun kann, der notwendigerweise besser ist als alle Väter der Welt, denn in ihm kann nichts sein als Vollendung alles Guten. Und am Ende wird er uns gar mit dir zu Teilhabern und Erben machen. –

Seht ihr wohl, Töchter, welch ein großer Meister der ist, der uns gleich mit einer großen Gnade zum Lernen motiviert? Und erscheint es euch nicht recht, dass wir dieses erste Wort des Vaterunsers auch beim mündlichen Gebet so in unser Verstehen aufnehmen, dass uns das Herz vor Liebe zerspringt? Wo gibt es denn in der Welt ein Kind, das seinen Vater nicht kennen möchte, wenn er so gut, so mächtig, so majestätisch ist? Wäre er anders, würde ich mich allerdings nicht wundern, wenn wir uns nicht als seine Kinder bekennen wollten, denn die Welt ist nun einmal so, dass ein Sohn, der es weiter gebracht hat als der Vater, sich durch dessen Vaterschaft nicht geehrt fühlt. Dergleichen möge aber hier in diesem Hause nicht vorkommen, denn es würde Gott nicht gefallen: es wäre ja die Hölle! Im Gegenteil möge die [Schwester] von höherer Herkunft seltener ihren Vater nennen. Alle sollen gleich sein.

O Collegium Christi, in dem der heilige Petrus, den der Herr so liebte, als Fischer mehr Befehlsgewalt hatte als der heilige Bartholomäus, ein Königssohn[45]! Der Herr wusste, wie man in der Welt abschätzen würde, welcher Mensch aus besserem Lehm sei, was nicht anders ist als debattierte man, ob Lehm besser für Ziegel oder zum Verputzen diene. Mein Gott, was machen wir uns für Mühe! Gott bewahre euch, Schwestern, vor solchem Streit, selbst nur im Spaß! Ich hoffe, dass seine Majestät das tut. Sollte sich Derartiges bei einer [von euch] zeigen, suche man dem gleich zu begegnen. Sie aber soll fürchten, der Judas unter den Aposteln zu werden. Man lege ihr Bußen auf bis sie erkennt, sie sei es nicht wert, auch nur als schlechter Ackerboden zu dienen.

Ihr habt einen guten Vater, den euch der gute Jesus gegeben hat. Hier [im Kloster] soll man keinen anderen Vater kennen, um von ihm zu reden. Und bemüht euch, meine Töchter, so zu sein, dass ihr verdient, bei ihm geborgen zu sein und euch in seine Arme zu werfen. Ihr wisst ja, dass er euch nicht abweist, wenn ihr gute Töchter seid. Wer also würde nicht alles daransetzen, einen solchen Vater nicht zu verlieren?

Bei Gott, wie viel Trost birgt für euch diese erste Bitte. Darum will ich nicht weiter darüber sprechen, sondern es eurer Einsicht überlassen. Denn wie zerstreut auch immer eure Gedanken schweifen mögen – zwischen einem solchem Vater und solchem Sohn befindet sich notwendig der Heilige Geist, der euren Willen entflammen und ihn euch zu größter Liebe festigen möge, wenn nicht schon so großer Gewinn dies vermag (CV 27; 1-7). –

Betrachtet nun die Worte eures Meisters: *der du bist im Himmel.*

Meint ihr, es sei unwichtig zu wissen, was unter »Himmel« zu verstehen ist und wo ihr euren hochheiligen Vater suchen sollt? Ich sage euch dagegen, dass es viel für das zerstreute Denken bedeutet, daran nicht nur zu glauben, sondern sich auch zu bemühen, es durch Erfahrung zu verstehen. Denn das ist eines der Mittel, das Denken wirksam ruhig zu stellen und die Seele zu sammeln.

Ihr wisst ja, dass Gott überall ist. Und wo der König ist, so sagt man, da ist auch der Hof, das ist klar. Kurz, wo Gott ist, ist Himmel. Zweifellos vermögt ihr zu glauben, dass da, wo seine Majestät weilt, auch alle Herrlichkeit ist. Denkt nun daran, wie der heilige Augustinus erzählt, dass er ihn allenthalben suchte, bis er ihn endlich im eigenen Innern fand. Was meint ihr, was diese Wahrheit für eine allenthalben verstreute Seele bedeutet, was es heißt, wenn sie erkennt, dass sie nicht zum Himmel aufsteigen muss, um mit ihrem Ewigen Vater zu reden, und dass kein lautes Rufen nötig ist, um seine Liebe zu erfahren. Wie leise sie auch spreche, er ist so nah, dass er sie hört. Sie braucht keine Flügel, um zu ihm zu gelangen, nur in die Einsamkeit muss sie gehen, in ihr Inneres schauen und sich nicht wundern über einen so hohen Gast. Vielmehr spreche sie ihn in aller Demut an als ihren Vater, bitte ihn als ihren Vater, berichte ihm von allen Nöten und welcher Hilfen sie bedarf, immer im Bewusstsein ihrer Unwürdigkeit als Tochter des Herrn.

Seid aber nicht kleinmütig wie einige, die das mit Demut verwechseln. Es ist wahrhaftig nicht demütig, wenn ihr eine Gabe des Herrn zurückweist. Nehmt das unverdiente Geschenk an und freut euch darüber! Eine schöne Demut wäre mir das, wenn ich den Herrn des Himmels und der Erde in meinem Hause zu Gast hätte und wiese die Gabe ab, mit der er kommt, um mir eine Freude zu machen! Wenn ich aus lauter Demut weder mit ihm zusammen sein noch sein Geschenk annehmen will und ihn allein lasse. Wenn er mir sagt und mich bittet, dass ich einen Wunsch äußern möge, ich aber aus »Demut« arm bleiben will und ihn wieder gehen lasse, weil er sieht, ich kann mich zu nichts entschließen.

Haltet euch, Töchter, fern von so falscher Demut, und geht mit ihm um wie mit einem Vater, einem Bruder, einem Herrn, ja, wie mit einem Bräutigam – bald auf die eine, bald auf die andere Weise, denn er wird euch lehren, wie ihr ihn erfreuen könnt. Seid nicht töricht, erbittet sein Wort, dass er euch zur Gemahlin nehmen will und euch als seine Bräute behandelt.

Diese Art zu beten – sei es auch mündlich – bringt in kürzester Zeit das Denken zur Sammlung, es ist ein Gebet, das viel Gutes in sich trägt. Es heißt *Gebet der Sammlung*, weil die Seele alle ihre Vermögen sammelt und in ihr Inneres eingeht, um dort mit ihrem Gott zu sein. So wird der göttliche Meister sie lehren und ihr schneller zum *Gebet der Ruhe* verhelfen als auf irgendeinem anderen Wege. Denn so in sich selbst versenkt, kann sie der Passion gedenken, sich den Sohn vergegenwärtigen und ihn dem Vater darbringen, ohne den Verstand durch unnötiges Suchen auf dem Kalvarienberg, im Ölgarten und an der Geißelsäule zu ermüden.

Die sich so in den kleinen Himmel unserer Seele einzuschließen vermögen, dort, wo der ist, der Himmel und Erde schuf, und die gelernt haben, sich nicht mittels der Sinne zerstreuen und ablenken zu lassen, die mögen mir glauben, dass sie auf einem vorzüglichen Weg wandern und dass sie gewiss vom Wasser des Lebensquells trinken werden, denn sie wandern weit in kurzer Zeit[46]. Es geht ihnen wie jemandem, der mit etwas gutem Wind zu Schiff reist und in wenigen Tagen am Ziel der Reise ist, wohin man auf dem Landwege sehr viel länger gebraucht hätte.

Diese sind also, wie man so sagt, draußen auf dem Meer. Zwar noch nicht ganz von der Erde gelöst, aber für diese Weile [der Seereise] tun sie, was sie können, um frei zu sein und ihre Sinne innerlich zu sammeln. Ist die Sammlung echt, so merkt man das deutlich, denn sie hat eine bestimmte Wirkung. Ich weiß nicht, wie ich das erklären soll, aber wer es erfahren hat, wird mich verstehen. Es ist, als erhebe dieser gewonnene Zustand die Seele, so dass sie sieht, was es mit den Dingen dieser Welt auf sich hat. Sie macht sich im richtigen Augenblick auf, geht fort wie jemand, der sich in das Innere einer Festung begibt, wo er sicher ist vor seinen Gegnern. Ein Rückzug der Sinne von allem Äußeren, ein solches Loslassen, dass sich ganz unwillkürlich die Augen schließen. Sie wollen nichts mehr sehen, damit der Blick der Seele umso klarer werde.

So betet, wer auf diesem Weg wandert, fast immer mit geschlossenen Augen, und das ist in vieler Hinsicht eine mustergültige Gewohnheit, denn so ist man gezwungen, nichts Ablenkendes mehr wahrzunehmen. Dies gilt für den Anfang. Später braucht man sich keine Gewalt mehr anzutun. Eine größere Anstrengung wäre es dann, die Augen während dieser Zeit zu öffnen. Man erfährt, so scheint es, eine Stärkung, einen Kraftgewinn der Seele auf Kosten des Leibes. Der aber wird geschwächt und allein gelassen, während die Seele sich von ihm freikämpft.

Wenn man das auch nicht gleich versteht, weil es nicht so spürbar ist – es gibt in dieser Sammlung und Versenkung nämlich ein Mehr oder Weniger –, sich dann aber gewöhnt, mehrere Tage übt und sich diesen Zwang antut, wird man klar den Gewinn bemerken. Wenn es auch anfangs Schwierigkeiten macht, weil der Körper, der nicht versteht, dass er sich selbst den Kopf abschlägt, wenn er sich nicht für besiegt erklärt, sein Recht fordert. Man wird dann erkennen, dass, sobald wir zu beten beginnen, die Bienen zu ihrem Korb fliegen und hineinschlüpfen, um darin den Honig zu bereiten, und das ganz ohne unser Zutun. Denn es gefiel dem Herrn, uns für die Zeit des Übens mit der Beherrschung der Sinne zu belohnen, so dass ein Wink genügt, und sie gehorchen und sammeln sich wie die Bienen. Und wenn sie auch wieder ausschwärmen, bedeutet es doch viel, dass sie sich besiegen ließen, denn sie verhalten sich nun wie Gefangene und Unterlegene und richten nicht mehr den Schaden an, zu dem sie früher fähig waren. Und je öfter der Wille sie ruft, umso rascher sammeln sie sich, bis nach solch häufiger Einkehr der Herr wünscht, dass sie ganz in der vollkommenen Kontemplation verweilen[47].

Das Gesagte muss man sehr gut verstehen, denn wenn es auch dunkel scheint, wird es der doch verstehen, der sich bemüht, es zu praktizieren. – Wir sollten uns bewusst machen, dass wir im Innern einen Palast von höchstem Wert haben, ganz aus Gold und Edelsteinen, wie es schließlich einem solchen Herrn gebührt. Und dass ihr selbst zu dieser Pracht beitragt, denn es gibt ja wahrlich kein schöneres Bauwerk als eine reine und edle Seele, und je vollkommener sie innerlich ist, umso herrlicher erstrahlen die Edelsteine. Und in diesem Palast wohnt der große König, der in seiner Güte euer Vater sein wollte. Und sein Thron ist von unschätzbarem Wert, denn dieser Thron ist euer Herz.

Es mag zunächst anmaßend scheinen, dass ich mich zum besseren Verständnis eines solchen Gleichnisses bediene, aber es könnte hilfreich sein gerade für euch, Töchter. Denn da doch wir Frauen nicht gelehrt sind, ist dieses alles nötig, damit wir wirklich verstehen, dass wir in unserem Innern eine Kostbarkeit bergen, die ganz unvergleichlich das Sichtbare übersteigt. Wir dürfen uns nicht vorstellen, wir seien innerlich hohl! Und wolle Gott, dass es nur die Frauen seien, die so achtlos dahinleben. Ich halte es für ausgeschlossen, dass, wenn wir uns klarmachten, welchen Gast wir im Innern beherbergen, wir uns so an Weltliches verlören. Denn wir würden doch sehen, wie wertlos das alles ist, verglichen mit dem, was wir innerlich besitzen. Ein Raubtier zwar stillt seinen Hunger an der Beute, die ihm in den Blick kommt. Ja, aber wie sehr sollten wir uns davon unterscheiden!

Man wird jetzt vielleicht über mich lachen und sagen, das verstehe sich doch alles von selbst. Das ist richtig, aber für mich gab es eine Zeit, da mir dies dunkel war. Ich wusste wohl, dass ich eine Seele hatte. Aber ich konnte ihre Möglichkeiten nicht erkennen und nicht sehen, wen sie im Innern barg, weil ich mir den Blick mit den Eitelkeiten dieser Welt verstellte. Jetzt aber, da ich doch wohl verstehe, wie dieser große König den kleinen Palast meiner Seele erfüllt, kann ich ihn nicht mehr so oft allein lassen. Ich bemühe mich, mehr bei ihm zu sein und meine Seele nicht mehr so zu beschmutzen. Wie wunderbar ist es doch: Er, dessen Größe tausend und abertausend Welten weitet, schließt sich ein in etwas so Kleines wie unsere Seele! Als der Herr hat er ja wahrhaftig alle Freiheit, und weil er uns liebt, passt er sich unserem Maße an.

Damit aber die Seele des Anfängers, die sich klein fühlt und doch so Großes aufnehmen soll, nicht beunruhigt wird, gibt Gott sich ihr erst nach und nach zu erkennen, wenn er sie entsprechend dem Umfang dessen, womit er sie erfüllen will, erweitert hat. Darum sage ich, er bringt Freiheit mit sich, denn er hat die Macht, diesen Palast groß zu machen. Der springende Punkt dabei ist, dass wir uns ihm rückhaltlos überlassen und ihm die Hindernisse wegräumen, damit er schalten und walten kann wie in seinem Eigentum. Dazu ist seine Majestät berechtigt, wir verwehren es ihm nicht. Weil er aber unseren Willen nicht zwingen will, nimmt er, was wir ihm geben. Aber er schenkt sich uns nicht ganz, solange wir uns selbst ihm nicht gänzlich schenken (CV 28; 1-12).

Gottes Gegenwart

Wenn die Seele in ihr Inneres einkehren will, macht sie die Tür hinter sich zu, die sie nun von allem Weltlichen trennt. Ich sage »wenn sie will«, damit ihr diesen Vorgang nicht als etwas Übernatürliches anseht. Er hängt vielmehr von unserem Wollen ab, wie es uns mit Gottes Gnade möglich ist. Denn ohne Gnade vermag man überhaupt nichts, zu keinem guten Gedanken wären wir fähig. Es handelt sich hier also nicht um das Schweigen der geistigen Vermögen. Die Seele schließt sie vielmehr in sich ein.

Man kommt dabei schnell voran, wenn man, wie wir auch in einigen Büchern lesen können, in dem inneren Auf-Gott-Zugehen alles andere beiseite lässt. Aber auch inmitten der Arbeit müssen wir uns in uns selbst zurückziehen können. Sei es auch nur für einen Augenblick, so ist doch das Gedenken, wen wir im Innern bei uns haben, sehr hilfreich. Wir werden schließlich dankbar verstehen, dass es keines Stimmaufwands bedarf, um mit ihm zu sprechen. Seine Majestät wird uns seine Anwesenheit spüren lassen.

So werden wir mündlich in großer Ruhe beten und wir ersparen uns Arbeit. Denn wenn wir uns so eine Zeit lang zwingen, dem Herrn nahe zu sein, versteht er uns schon durch dieses Bemühen[48], so dass wir das Vaterunser nicht immer wieder sagen müssen, er wird uns schon beim ersten Male hören. Er liebt es, uns die Mühe zu erleichtern. Gerade wenn wir in einer Stunde das Vaterunser nur einmal sagten und dabei wüssten, um was wir bitten und wie gern er, der mit Freuden bei uns ist, es uns gibt, wäre es ihm lieb, wenn wir uns nicht mit vielem Reden den Kopf zerbrächen. –

Aber nichts lernt man ohne ein wenig Anstrengung. Bei Gott, Schwestern, haltet euer Bemühen für gut angewendet! Und ich weiß, wenn ihr durchhaltet, werdet ihr mit Gottes Hilfe in einem oder in einem halben Jahr damit Erfolg haben. Bedenkt, in wie kurzer Zeit ihr großen Gewinn haben werdet, wenn ihr ein gutes Fundament schafft, damit euch der Herr, da er euch in seiner Nähe bereit findet, zu großen Dingen erheben kann. Möge seine Majestät nicht zulassen, dass wir uns wieder aus seiner Gegenwart entfernen, amen (CV 29; 4–6 u. 8).

Gebet und Werke

Es ist weder meine Absicht noch meine ich, mit dem von mir hier Gesagten unfehlbare Regeln für das Gebet aufstellen zu wollen; das wäre ganz unsinnig bei einem so schwierigen Gegenstand. Weil aber dieser Weg des Geistes sich aus vielen Pfaden zusammensetzt, mag es sein, dass ich zum einen oder anderen Punkte doch das Rechte beitrage. Wenn es die nicht verstehen, die nicht auf diesem Pfad wandeln, so zeigt das, dass sie eine andere Verzweigung wählten. Sollte es aber niemandem nützen, so möge doch der Herr auf meinen guten Willen sehen, denn er weiß, dass ich das Gesagte, auch wenn ich nicht alles selbst erfuhr, bei anderen Seelen beobachtet habe.

Zuerst möchte ich davon sprechen, worin – meinem armseligen Verständnis nach – das Wesen des vollkommenen Gebetes besteht. Denn ich habe einige getroffen, die meinen, dabei komme alles aufs Denken an, und wenn sie dieses ganz auf Gott gerichtet halten könnten, wenn auch mit großer Anstrengung, so seien sie Kontemplative. Und werden sie zwangsläufig abgelenkt, sei es auch um einer guten Sache willen, so halten sie sich schon für verloren. Derartige Unwissenheiten kommen nicht vor bei den Gelehrten, auch wenn ich bei ihnen gelegentlich auf Ähnliches gestoßen bin. Aber für uns Frauen ist es notwendig, dass man uns über diese Unwissenheiten aufkläre. Ich sage nicht, es sei keine Gnade, wenn jemand stets den Werken des Herrn nachsinnt, das ist ja ein gutes Bemühen. Aber man muss sich auch klarmachen, dass nicht alle inneren Vorstellungen von Natur aus für solche Meditation geeignet sind, wogegen alle Seelen geeignet sind zu lieben. Ich habe schon einmal die Gründe für das Abschweifen unserer Imagination dargelegt. Aber, so will mir scheinen, nicht alle, was auch unmöglich wäre, sondern nur einige. Das möchte ich jetzt nicht wieder behandeln. Ich möchte vielmehr zu verstehen geben, dass die Seele weder das Denken ist, noch auch der Wille von ihm beherrscht wird, was ein großes Unglück für ihn wäre. Denn die Seele kommt nicht voran vom vielen Denken, sondern vom vielen Lieben.

Wie aber kommt man zu dieser Liebe? Indem man sich entschließt, tätig zu sein und zu leiden, wann immer es sich anbietet. Zwar ist es richtig, dass wir daran denken sollen, was wir dem Herrn schulden und wer er ist und was [dagegen] wir, das ist verdienstlich und nützlich für Anfänger. Aber man verstehe wohl: nur, solange nicht Gehorsam und das Wohl des Nächsten sich dazwischenschieben. Jeder dieser beiden Gründe erfordert Zeit und verlangt von uns loszulassen, was wir Gott so gern geben wollten, nämlich, so meine ich, unser einsames An-Ihn-Denken und innerliches Uns-Erfreuen an dem, was er uns schenkt. Darauf aus einem der beiden genannten Gründe zu verzichten, bedeutet ihn zu beschenken und das von ihm Gesagte: *Was Ihr einem meiner geringsten Brüder getan habt, das habt ihr mir getan.* [Mt 25,40] zu verwirklichen. Und bezüglich des Gehorsams möge man sich keinen anderen Weg wünschen als den vom Herrn gewählten Weg *des Gehorsams bis zum Tod* [Phil 2,8].

Wenn das aber wahr ist, woher dann die verbreitete Unlust, wenn man nicht den größten Teil des Tages in gotterfüllter Abgeschiedenheit verbringen konnte, sondern mit jenen anderen Dingen beschäftigt war? Meines Erachtens gibt es dafür zwei Gründe: Der erste und wichtigste ist, dass sich hier eine sehr subtile Eigenliebe einmischt. Sie hindert uns zu erkennen, dass wir mehr uns selbst als Gott erfreuen wollen. Denn es ist klar, dass eine Seele, sobald sie zu erfahren beginnt, wie *lieblich der Herr ist* [Ps 33,9], den Leib in Ruhe halten und sich beglücken möchte. Der zweite Grund für die Verstimmung scheint mir zu sein, dass wir meinen, die Seele bleibe in der Einsamkeit reiner, weil sich weniger Gelegenheit bietet, sich an Gott zu versündigen. Aber einige solcher Gelegenheiten gibt es doch, denn die Teufel und wir selbst fehlen nicht, sind überall da.

Aber es wäre doch ein starkes Stück, dass, wenn Gott uns klar zu verstehen gibt, wir sollten etwas Wichtiges für ihn tun, wir dies nicht wollten, sondern immer nur in seiner Anschauung zu verweilen wünschen, weil das angenehmer ist. Das wäre mir eine schöne Gottesliebe! Das hieße ihm die Hände binden in der Absicht, dass er uns nur auf dem einen [selbst gewählten] Weg fördern solle.

Ich will jetzt nicht von meinen eigenen Erfahrungen sprechen, aber ich bin Menschen begegnet, die mich diese Wahrheit gelehrt haben, wenn ich überlastet und in großer Zeitnot war. Ursprünglich taten sie mir leid, weil ich sie immer mit so vielen Aufgaben und Dingen beschäftigt sah, die ihnen der Gehorsam [die Pflicht] auftrug. Denn ich dachte im Stillen, und ich sagte das auch, dass es in einer solchen Unruhe nicht möglich sei, im Geiste zu wachsen, von dem sie damals wenig besaßen. O Herr, wie verschieden sind deine Wege von unseren unbeholfenen Vorstellungen! Von dem, der dich mit ganzer Seele lieben will und sich in deine Hände gegeben hat, verlangst du nichts anderes, als dass er gehorche, dass er sich frage, womit dir am besten gedient sei und dass er diesen Dienst wünsche. Eine solche Seele braucht keine Wege zu suchen und zu wählen, denn dein Wille ist schon der ihre. Du, mein Herr, trägst Sorge, sie dorthin zu führen, wo sie am meisten gefördert wird. Und auch der Vorgesetzte trage sich nicht mit dem Gedanken, was der Seele am meisten helfen könnte, sondern dass sie ihre Obliegenheiten erfülle, die der Gemeinschaft zugute kommen. Du, mein Gott, wirst die Seele und die Dinge, mit denen sie umgeht, so behandeln und bereiten, dass wir, ohne zu wissen wie, uns mit Geist und innerem Fortschritt versehen finden, und später ganz verblüfft sind, wenn wir zurückblicken.

So war es mit jemandem, den ich kürzlich gesprochen habe: der Gehorsam hatte ihn etwa 15 Jahre lang so mit Ämtern und Pflichten überhäuft, dass er sich nicht erinnern konnte, in all dieser Zeit einen Tag für sich selbst gehabt zu haben, obwohl er sich nach Kräften mühte, täglich ein Weilchen für das Gebet und die Gewissenserforschung zu erübrigen. Er ist einer der pflichtgetreuesten Menschen, die mir begegneten, und auf alle, mit denen er zu tun hat, färbt etwas von dieser Haltung ab. Der Herr hat es ihm gut gelohnt, denn er gelangte, ohne zu wissen wie, zu jener kostbaren und ersehnten Geistesfreiheit, die den Vollkommenen eigen ist und die alle Glückseligkeit dieses Lebens in sich birgt. Denn sie verlangen nichts und haben alles. Solche Seelen wollen und fürchten nichts auf Erden, Leiden betrüben und Freuden erregen sie nicht. Kurz, niemand kann ihnen den Frieden rauben, weil dieser allein von Gott herkommt. Und da ihnen Gott niemand rauben kann, befürchten sie einzig, Gott zu verlieren; alles Übrige dieser Welt erscheint ihnen dagegen, als sei es gar nicht, weil es ihrem Glück weder etwas gibt noch nimmt. O seliger Gehorsam und selige Losgelöstheit, die so viel gewinnen!

Nicht nur an diesem Mann, auch an anderen [Ordensleuten], die ich jahrelang nicht gesehen hatte, erlebte ich sehr eindrucksvoll das Gleiche. Wenn ich sie fragte, wie sie die Zeit verbracht hätten, war da nichts als gehorsame Pflichterfüllung und Dienst am Nächsten [caritas]. Andererseits sah ich sie in geistlichen Dingen so fortgeschritten, dass es mich verblüffte. Darum auf, meine Töchter! Seid nicht mutlos, wenn der Gehorsam von euch nur äußere Werke verlangt. Erkennt, dass selbst in der Küche bei den Töpfen der Herr euch begleitet, um euch innerlich und äußerlich beizustehen (F 5; 4, 14, 5-8)[49].

DER LOCKRUF DES HIRTEN

Der Herr und die Frauen

Grundsätzlich bedarf es bei einer weit fortgeschrittenen Seele der Erfahrung und eines entsprechenden Meisters, denn ihr begegnet innerlich so vieles, worüber sie sich besprechen müsste. Wenn sie aber suchte und keinen fand, so wird der Herr sie nicht im Stich lassen, so wie er mir nicht gefehlt hat, obwohl ich bin, die ich bin. Ich glaube nämlich, dass es nur wenige Seelenführer gibt, die in diesen Dingen zu einer umfassenden Erfahrung gekommen sind. Wenn sie aber fehlt, führt alle Beratung nur zu Beunruhigung und Betrübnis. Zwar stellt der Herr auch das in Rechnung, doch ist es besser, sich zu besprechen, wie ich schon mehrfach sagte, wenn ich auch nicht mehr weiß, wo, und was ich jetzt wiederhole, denn es ist mir sehr wichtig. Besonders, wenn es sich um Frauen handelt und ihr Beichtvater qualifiziert ist.

Es sind nämlich viel häufiger die Frauen als die Männer, denen der Herr diese [mystischen] Gnaden erweist. Und das hörte ich den heiligen Petrus von Alcántara sagen und beobachtete es auch selbst, dass Frauen auf diesem Weg besser vorankommen als Männer, und er gab dafür ausgezeichnete Gründe an, die ich hier nicht aufzählen kann, alle zugunsten der Frauen (V 40; 8).

Herr meiner Seele! Als du noch in dieser Welt wandeltest, hast du die Frauen nicht verachtet, sondern ihnen im Gegenteil stets deine besondere Zuneigung bewiesen. Fandest du doch in ihnen ebenso viel Liebe und mehr Glauben als bei den Männern. Denn zu den Frauen gehörte deine heiligste Mutter, deren Habit wir tragen und deren Verdienste uns zukommen, auch wenn wir sie wegen unserer Schuld nicht verdienen. [Die Welt irrt, wenn sie meint,][1] dass wir weder öffentlich wirken dürfen noch einige Wahrheiten aussprechen, um derentwillen wir im Geheimen weinen, und dass du, Herr, unsere gerechten Bitten nicht erhören würdest. Ich glaube das nicht, Herr, denn ich kenne deine Güte und Gerechtigkeit, denn ein gerechter Richter bist du und nicht wie die Richter dieser Welt, die als Söhne Adams, kurz, als Männer jede gute Fähigkeit bei einer Frau verdächtigen. Ich weiß, dass der Tag kommen wird, mein König, da man einander erkennt. Ich spreche hier nicht für mich selbst, denn die Welt kennt meine Schlechtigkeit, und ich freue mich, wenn sie bekannt ist. Aber ich halte es in diesen Zeiten für Unrecht, wenn man starke und zum Guten begabte Geister zurückstößt, nur weil es sich um Frauen handelt (CE 4; 1).

Schwestern, bei allen, mit denen ihr umgeht und die eine gewisse Disposition und Neigung für die Kontemplation haben, bemüht euch, ihnen die Furcht zu nehmen, etwas so Heilsames anzupacken. Und ich bitte euch bei Gott, dass euer Reden immer das Beste eures Gesprächspartners im Auge habe, denn euer Gebet soll dem Heil der Seelen dienen. Und weil ihr den Herrn immer darum bitten müsst, schiene es schlecht, Schwestern, wenn ihr nicht in jeder Weise darauf ausgerichtet wäret.

Teresa von Ávila. Porträt von Juan de la Miseria (das einzige nach dem Leben). Im Karmel zu Sevilla.

Wollt ihr gute Verwandte sein, so ist dieses der wahre Liebesdienst, gute Freundinnen, so versteht, dass ihr es nur auf diesem Wege sein könnt. Die Wahrheit dringe in euer Herz und in eure Meditationen, und ihr werdet klar die Liebe erkennen, die wir dem Nächsten schulden. –

Man weiß, dass ihr Nonnen seid und das Gebet pflegt. Darum gebt euch nicht nach dem Motto: »Ich will nicht für fromm gehalten werden«, denn nach eurem Erscheinungsbild wird unsere Gemeinschaft positiv oder negativ beurteilt. Und es wäre sehr schlimm für jene, die so sehr verpflichtet sind, von nichts als Gott zu sprechen, wenn es ihnen gut schiene, dies zu vertuschen. Es sei denn, es geschehe einmal in förderndem Interesse.

Dieses sei euer Gespräch und eure Sprache. Wer mit euch umgehen will, erlerne sie. Will er das nicht, so hütet euch, seine Sprache zu übernehmen. Das wäre für euch die Hölle!

Wenn man euch für ungebildet hält, so hat das wenig zu bedeuten. Wenn für heuchlerisch, noch weniger. Für euch hat es das Gute, dass euch nur sehen will, wer eure Sprache spricht. Denn wer kein Arabisch kann, wird nicht gern mit jemandem reden wollen, der nur diese Sprache kennt. So wird man euch weder belästigen noch euch schaden (CV 20; 3-5). –

Seid nicht erschrocken über das Viele, liebe Töchter, das man beachten muss, um diese göttliche Reise anzutreten, ist sie doch der königliche Weg zum Himmel. Wer ihn beschreitet, gewinnt einen großen Schatz, für den meines Erachtens kein Preis zu hoch ist. Die Zeit wird kommen, da man erkennt, dass im Vergleich zu dem hohen Wert aller Einsatz ein Nichts ist. –

Wollen wir zu diesem Lebenswasser gelangen, so hängt viel, ja, alles von unserer festen Entschlossenheit ab. Komme, was da wolle, sei Mühsal Mühsal, üble Nachrede üble Nachrede, möge man ankommen oder unterwegs sterben, möge das Herz sich verzagt fühlen angesichts der Beschwernisse des Weges oder die Welt untergehen, nichts darf uns wanken machen. Man wird uns auch immer wieder sagen: »Es gibt Gefahren«, »die Soundso ging dabei zugrunde«, »der hat sich getäuscht«, »jener, der so viel betete, ist gestrauchelt«, »es verdirbt den Charakter«[2], »das ist nichts für Frauen, sie könnten sich Illusionen machen«, »sie sollten lieber spinnen«, »diese Feinheiten sind für sie überflüssig«, »für sie genügt das Vaterunser und Avemaria«.

Und ob das genügt! Dem stimme ich völlig zu, liebe Schwestern! Welch ein großes Gut ist es doch jederzeit, wenn euer Gebet sich auf jene Bitten gründet, die aus des Herrn eigenem Munde kamen! Darin haben sie Recht. Und wäre nicht unsere Schwachheit so flau und unsere Anbetung so lau, so brauchten wir keine weiteren Gebetsanleitungen und keine anderen Bücher (CV 21; 1-3).

Als ich eines Tages darüber nachdachte, ob nicht jene Recht haben, die es für schlecht halten, dass ich zu Gründungen ausziehe und dass ich besser meine Zeit im Gebet verbringen sollte, vernahm ich die Worte: *Solange man lebt, besteht das Verdienst nicht im Überlegen, wie man mich noch inniger erfahren könnte, sondern im Tun meines Willens.* Nun schien mir aber, Gottes Wille sei das, was der heilige Paulus über die Zurückgezogenheit der Frauen sagte – man hatte es mir gerade kürzlich zitiert, und auch früher hatte ich es schon vernommen. Da sprach Gott zu mir: *Sag ihnen, sie sollen nicht eine einzelne Schriftstelle verabsolutieren, sie müssen vielmehr auch andere betrachten und sich fragen, ob sie mir etwa die Hände binden können* (Relaciones 19).

Die Seele, eine Burg

Der mir dieses zu schreiben auftrug [P. Gracián] sagte mir, dass die Nonnen in diesen Klöstern Unserer Lieben Frau vom Karmel jemanden brauchten, der ihnen einige Zweifel wegen des Gebets zerstreue. Und da er meine, dass Frauen am besten die Sprache von Frauen verstünden und sie zudem bei der Liebe, die sie zu mir trügen, das von mir Gesagte mehr beeindrucken würde, sei es von einiger Bedeutung, wenn ich dazu etwas sagen könnte. Darum will ich mit dem, was ich schreiben werde, zu ihnen reden (M Prolog). –

Als ich heute unseren Herrn anflehte, dass er durch mich sprechen möge, denn ich wusste weder, wie ich das aufgetragene Werk beginnen noch was ich überhaupt sagen sollte, fiel mir für einen fundierten Beginn das Folgende ein:

Wir könnten uns unsere Seele vorstellen wie eine Burg aus Diamant oder klarem Kristall, in der es viele Gemächer gibt, so wie auch der Himmel viele Wohnungen hat. Denn recht betrachtet, Schwestern, ist ja die Seele im Gnadenstand nichts anderes als ein Paradies, in dem der Herr, wie er selbst sagt, seine Lust hat. Wie, meint ihr wohl, muss ein Raum beschaffen sein, darin ein so mächtiger, weiser, reiner, alles Gute so in Fülle besitzender König sich erfreut? Ich finde nichts, womit ich die große Schönheit und Weite der Seele vergleichen könnte. Reicht doch auch unser noch so scharfer Verstand nicht aus, sie zu begreifen, so wie ja auch Gott unerkennbar ist. Sagte er doch selbst, dass er uns schuf nach seinem Bilde und Gleichnis.

Da dieses ist, wie es ist, sollten wir uns nicht abmühen,

um die Schönheit dieser Burg zu erfassen. Denn unter der Voraussetzung, dass der Unterschied zwischen ihr und Gott der gleiche ist wie der zwischen dem Geschöpf und seinem Schöpfer, genügt es doch, dass sie, wie seine Majestät sagt, geschaffen ist nach seinem Bilde, um uns ihre große Schönheit und Würde kaum fassbar erscheinen zu lassen.

Es wäre kein geringer Schaden und eine ziemliche Schmach, wenn wir durch eigene Schuld uns selbst weder kennten noch wüssten, wer wir sind. Wäre es nicht eine große Unwissenheit, meine Töchter, wenn man gefragt würde, wer man ist, und man wüsste nicht und hätte keine Ahnung, wer Vater und Mutter waren und aus welcher Gegend man stammt? Wenn das schon einfach animalisch[3] wäre, wie unvergleichlich viel mehr noch unser Verhalten, wenn wir selbst nicht versuchen würden zu erkennen, wer wir sind, sondern bei unserer Leiblichkeit stehen blieben. So dass wir nur so obenhin durch Hörensagen und, weil der Glaube es uns lehrt, wüssten, dass wir eine Seele haben. Welch Gutes aber diese Seele besitzen kann, und wen sie im Innersten birgt, oder welch großen Wert sie hat – das würden wir selten bedenken. Und darum vernachlässigt man dann die Sorgfalt, mit der man ihre Schönheit bewahren sollte. Alles, was uns wichtig ist, würde sich auf die Äußerlichkeit der Einfassung[4] oder Ringmauer dieser Burg, das heißt, auf den Leib, beschränken.

Betrachten wir also, dass diese Burg, wie ich schon sagte, viele Wohnungen hat: Einige oben, andere unten, weitere an den Seiten. Im Zentrum und in der Mitte aber befindet sich die Wohnung, auf die alles ankommt, und wo sich die höchst geheimnisvollen Dinge zwischen Gott und der Seele abspielen.

Ihr müsst dieses Gleichnis genau beachten. So Gott will, kann es euch etwas verständlich machen von den Gnaden, die den Seelen zu geben ihm gefällt und von ihrer Verschiedenheit, so weit es mir möglich ist, diese verstanden zu haben. Denn all die Vielheit zu verstehen, ist niemandem möglich, und schon gar nicht jemandem, der so erbärmlich ist wie ich! Aber es wird euch sehr helfen, dass ihr um diese Möglichkeit wisst, wenn der Herr euch Gnaden schenkt. Und wer sie nicht bekommt, lobe deshalb doch seine Gutheit! –

Wie sollten wir uns nicht freuen, wenn Gott einem unserer Brüder diese Gnaden erweist, denn das hindert ihn ja nicht, sie auch uns zu bezeigen. – Kann denn nicht seine Majestät ihre Größe erkennen lassen an wem sie will? Manchmal geht es nur um ein solches Offenbarwerden seines Wirkens, so wie der Herr es bewies, als die Apostel ihn fragten, ob der Blinde, dem er das Augenlicht zurückgegeben hatte, blind gewesen sei aufgrund seiner eigenen Sünden oder der Sünden seiner Eltern [Joh 9, 2-3]. Das macht deutlich, dass die Gnaden nicht dem gegeben werden, der heiliger ist als die anderen, die sie nicht bekommen, sondern weil Gottes Größe erkannt werden soll, wie wir es am heiligen Paulus und an der Magdalena sehen, auf dass wir ihn preisen in seinen Geschöpfen.

Doch kehren wir nun zu unserer schönen und wunderbaren Burg zurück, und lasst uns sehen, wie wir hineinkommen. Es scheint, als redete ich Unsinn. Denn wenn die Burg unsere Seele meint, so ist klar, dass man nicht hineingehen muss, denn man ist sie ja selbst. So wie es auch ungereimt wäre, würden wir jemanden in ein Zimmer bitten, in dem er sich schon befindet. Aber ihr müsst den Unterschied von

Befinden und Befindlichkeit[5] bedenken. Denn es gibt viele Seelen auf dem Wehrgang der Burg, dort, wo die Wachen stehen, und es kommt ihnen nicht in den Sinn, hineinzuwollen. Sie wissen weder, was es mit dieser unschätzbaren Stätte auf sich hat, noch wen sie birgt, noch welche Gemächer es darin gibt. Doch werdet ihr gelegentlich in Gebetbüchern schon den Rat vernommen haben, euch nach innen zu wenden. Das eben ist hier gemeint.

Ein großer Gelehrter sagte mir kürzlich, dass Seelen, die das Gebet nicht pflegen, wie Gelähmte oder Gichtbrüchige sind: Sie haben Füße und Hände und können doch nicht darüber verfügen. Ja, es gibt Seelen, die so krank sind, so unabänderlich daran gewöhnt, nur am Äußeren interessiert zu sein, dass es scheint, sie können nicht mehr in ihr Inneres einkehren. Ist es ihnen doch so zur Gewohnheit geworden, immer mit den Vipern, dem Ungeziefer[6] und den Scheusalen umzugehen, die diese Burg umgeben, dass sie ihnen fast schon angeglichen sind. Dabei sind sie von Natur so reich begabt und könnten mit keinem Geringeren als Gott selbst das Gespräch pflegen. Aber nichts vermag sie dazu zu bringen. Wenn diese Seelen nicht versuchen, ihr Elend zu begreifen und ihm abzuhelfen, indem sie ihren Kopf sich selbst zuwenden, werden sie zur Salzsäule erstarren wie Lots Weib, als sie den Kopf zurückwandte.

Nach meinem Verständnis bilden Gebet und inneres Aufmerken das Eingangstor dieser Burg, und ich betone absichtlich nicht das innere Gebet gegenüber dem mündlichen, denn wenn das mündliche wirklich Gebet sein soll, bedarf es des inneren Aufmerkens. Ein Gebet aber, das sich nicht bewusst macht, zu wem es spricht, was es erbittet, wer der Bittende ist und wer der Gebetene, das nenne ich nicht

Gebet, und wenn man noch so viel die Lippen bewegt. Zwar kann es das auch ohne solche Sorgfalt sein, weil ihm frühere Übung zustatten kommt. Wer sich aber daran gewöhnt, mit Gottes Majestät zu reden wie mit seinem Dienstboten[7], ohne auf die Wortwahl zu achten und daherschwätzt, wie ihm der Mund gewachsen ist und was er von früher noch auswendig weiß: Das ist für mich kein Gebet, und wolle Gott, dass es kein Christ dafür halten möge! Unter euch, Schwestern, bei eurer Übung im Umgang mit inneren Dingen, wird es, so hoffe ich bei Gott, nicht in dieser Weise vorkommen. Und diese Übung ist gut, um solchem Ungeist[8] nicht zu verfallen.

Doch wollen wir nicht zu diesen lahmen Seelen sprechen, die, (sofern der Herr nicht selber kommt und ihnen befiehlt, sich zu erheben, wie jenem, der dreißig Jahre am Teich lag)[9], ein böses Schicksal haben und in großer Gefahr schweben, sondern zu jenen anderen, die schließlich in die Burg hineingelangen. Denn obwohl sie sehr in das Weltliche verflochten sind, haben sie rechte Sehnsüchte. Und manchmal, wenn auch nur dann und wann, wenden sie sich an unseren Herrn und üben Selbsterkenntnis, allerdings nur sehr vorübergehend. Etwa einmal im Monat beten sie inmitten all ihrer Geschäftigkeiten, die ihr Denken üblicherweise beherrschen und in die sie ganz eingebunden sind. Denn wo ihr Schatz ist, dahin strebt ihr Herz. Aber hin und wieder erkennen sie doch ihre Verfassung und möchten sich davon freimachen, denn sie sehen, dass dieses nicht der Weg ist, der sie zum Burgtor führen könnte. Schließlich also kommen sie in die ersten Räume des Untergeschosses hinein. Aber mit ihnen dringen auch so viele Vipern und solche Mengen von Ungeziefer ein, dass sie weder die

Schönheit der Burg wahrnehmen noch zur Ruhe kommen können. Der Eintritt fiel ihnen ja schon schwer genug.

Ihr mögt denken, Töchter, dass ich unpassend argumentiere, denn dank der Güte des Herrn gehört ihr nicht zu dieser Kategorie. Ihr müsst Geduld haben, wenn es unangemessen erscheint, denn ich kann nicht immer deutlich machen, wie ich einige innere Gebetsdinge verstehe. Aber wolle doch Gott, dass es mir gelingt, etwas Rechtes darüber zu sagen, denn was ich euch darlegen möchte, ist sehr schwierig zu erkennen, wenn die Erfahrung fehlt. Ist sie aber da, so werdet ihr einsehen, dass ich auch das berühren muss, was uns, so Gott will, dank seiner Barmherzigkeit nicht berühren (I M 1; 1-9).

Wie kommt man hinein?

Ehe ich fortfahre, möchte ich euch bitten zu überlegen, welchen Anblick dieses schöne und strahlende Schloss, diese orientalische Perle, dieser Baum, gepflanzt in die lebendigen Wasser des Lebens, also in Gott, bieten wird, wenn [die Seele] in eine Todsünde fällt. Es gibt keine finsterste Finsternis, nichts noch so Dunkles und Schwarzes, was von ihrer Schwärze nicht übertroffen würde. Es muss euch genug sein zu wissen, dass es jene Sonne im Zentrum der Seele, von der aller Glanz und alle Schönheit ausgingen, nicht mehr zu geben scheint. So dass die Seele [die Burg] auch nicht mehr daran teilhaben kann, die sie doch fähig wäre, sich seiner Majestät so zu erfreuen, wie ein Kristall in der Sonne aufzustrahlen vermag. Nichts nützt ihr mehr. So kommt es, dass alle guten Werke fruchtlos sind für das ewige Leben. Denn da sie nicht in Gott ihren Ursprung haben, durch den unsere Fähigkeit zur Tugend wird, und weil wir von ihm [durch die Sünde] getrennt sind, können sie keine Gnade finden vor seinen Augen. Denn schließlich will doch, wer eine Todsünde begeht, nicht Gott gefallen, sondern dem Teufel. Da dieser aber die Finsternis selbst ist, wird auch die arme Seele genau so finster.

Ich kenne eine Person[10], der unser Herr zeigen wollte, wie es einer Seele ergeht, wenn sie sich tödlich versündigte. Diese Person nun sagt, wenn jemand das [was sie erfuhr] verstanden habe, könne er ihrer Meinung nach nie wieder sündigen, auch wenn er sich den größten nur denkbaren Leiden stellen müsste, um die Versuchungen zu fliehen. Und darum lag ihr viel daran, dass alle das begreifen möchten. Und darum liegt mir dran, Töchter, dass ihr Gott inständig bittet für jene, die sich in diesem Sündenstand befinden und nichts als Dunkelheit sind, was auch für ihre Werke gilt. Denn so wie von einer klaren Quelle lauter klare Bächlein ausgehen, so kommen von einer Seele im Gnadenstand auch Werke, die angenehm sind vor Gott und den Menschen, denn sie gehen aus einem Lebensquell hervor, in den die Seele gleich einem Baum gepflanzt ist. Er besitzt Frische und Frucht durch seinen Ursprung aus dieser Quelle, die ihn ernährt und die bewirkt, dass er nicht vertrocknet und gute Früchte bringt. Von der Seele aber, die sich schuldhaft von dieser Quelle trennt und sich in anderen tiefschwarzen und übel riechenden Wassern verwurzelt, geht nichts anderes aus als eben Schmutz und Unglück.

Man muss sich hier klarmachen, dass die Quelle und mit ihr die strahlende Sonne im Seelenzentrum nichts von ihrem

Glanz und ihrer Schönheit einbüßt, dass sie immer da ist im Innern und dass nichts ihr die Schönheit rauben kann. Aber wenn man über einen Kristall, der in der Sonne liegt, ein ganz schwarzes Tuch decken würde, so ist doch klar, dass, auch wenn die Sonne ihn weiter bescheint, ihre Helle nicht vom Kristall reflektiert wird.

O Seelen, losgekauft mit dem Blut Jesu Christi, erkennt euch und habt mit euch Erbarmen! Wie ist es nur möglich, dass ihr, wenn ihr dieses verstanden habt, nicht versucht, den Kristall vom schwarzen Pech zu befreien? Bedenkt, dass ihr euch nie wieder freuen werdet an diesem Licht, wenn so euer Leben endet (I M 2; 1-4).

Diese inneren Dinge sind so dunkel und schwer zu verstehen, dass jemand, der so wenig weiß wie ich, notwendig viel Überflüssiges und Ungereimtes sagen muss, um endlich das Rechte zu treffen. Wer es liest, braucht Geduld, wie auch ich sie haben muss, um das zu schreiben, was ich nicht weiß. Ja, wirklich, manchmal greife ich zum Papier und bin wie vor den Kopf geschlagen, weil ich weder weiß, was ich sagen noch wie ich anfangen soll. Aber ich sehe sehr wohl ein, dass es wichtig für euch ist, dass ich einige inneren Dinge, so gut ich kann, erkläre. Denn wir hören immer, wie segensreich das innere Gebet ist, und die Konstitutionen schreiben es uns für eine bestimmte Stundenzahl vor, aber man erklärt uns dazu nichts, was wir nicht ohnehin wissen. Von dem aber, was der Herr in der Seele wirkt, das heißt vom Übernatürlichen, sagt man uns wenig. Würde man davon sprechen und es uns in vielfältiger Weise erläutern, wäre uns das eine große Hilfe für die Betrachtung dieses himmlischen Kunstwerks in unserem Innern, das von den Sterblichen so wenig verstanden wird, auch wenn sie viel damit umgehen. Und wenn auch der Herr in anderen meiner Schriften einiges verständlich machte, verstehe ich doch, dass ich einiges nicht so verstand, wie ich es jetzt verstehe, besonders wenn es sich um die schwierigsten Dinge handelt. Das Mühsame dabei ist, dass ich, um dahin zu gelangen, wie gesagt viel Bekanntes wiederholen muss, weil mein ungehobelter Geist es nicht kürzer vermag.

Doch kehren wir nun wieder zu unserer Burg mit den vielen Wohnungen zurück. Ihr müsst sie euch nicht eine hinter der anderen wie auf einem Faden aufgereiht vorstellen. Richtet lieber euren Blick auf das Zentrum mit dem Gemach oder dem Palast, in dem der König weilt, und denkt dabei an eine Zwergpalme[11], deren Essbares von vielen Hüllen geschützt ist, die alle die Köstlichkeit umschließen. So auch die Burg: um dieses Gemach herum liegen viele andere und ebenso darüber. Denn die Dinge der Seele muss man sich immer in Fülle und Weite und Größe denken. Damit überhöht man sie keineswegs, denn sie übersteigt unser Vorstellungsvermögen und wird gänzlich durchstrahlt von jener Sonne aus diesem Palast. Es ist sehr wichtig für eine jede Seele, die das innere Gebet übt, dass man sie weder einenge noch bedränge. Man lasse sie alle diese Wohnungen frei durchschreiten, nach oben und nach unten und nach allen Seiten. Angesichts der großen Würde, die Gott ihr verliehen hat, darf man sie nicht zwingen, lange in einem einzigen Raum zu bleiben und sei es, oh, auch in dem der Selbsterkenntnis! Diese, man verstehe mich recht, ist allerdings so nötig, dass selbst jene sie noch brauchen, die der Herr schon in sein innerstes Gemach aufgenommen hat. Denn niemals, wie hoch entwickelt auch die Seele sein mag, ist etwas anderes für sie so erforderlich, ob sie es nun

Autograph der »Inneren Burg«, aufbewahrt im Karmel von Sevilla.

will oder nicht. Die Demut gleicht der Biene, die im Bienenstock den Honig bereitet, anders ginge alles verloren. Aber vergessen wir nicht, dass die Biene auch ausschwärmt, um den Nektar der Blüten zu sammeln. So soll sich auch die Seele immer wieder von der Selbsterkenntnis zur Betrachtung der Größe und Majestät Gottes erheben. Das glaube man mir. –

Ich weiß nicht, ob ich das verständlich genug gemacht habe. Ist doch für uns dieses Erkennen so wichtig, dass ich nicht möchte, dass ihr darin jemals nachlasst, welch himmlische Höhen ihr auch immer erreicht haben mögt. Denn solange wir auf dieser Erde leben, ist für uns nichts wichtiger als Demut. Und darum sage ich noch einmal, dass es gut ist und überaus gut, wenn wir versuchen, zunächst in das Gemach hineinzukommen, wo es um diese geht. Nicht aber sollten wir flugs in die weiteren wollen, denn so [und nicht anders] geht der Weg. Und wenn wir sicher und eben wandern können, warum sollten wir uns Flügel zum Fliegen wünschen? Vielmehr sehe man zu, wie man auf diesem Weg vorankomme. Und meines Erachtens lernen wir uns selbst nie gut kennen, wenn wir uns nicht bemühen, Gott kennen zu lernen. Der Blick auf seine Größe vergegenwärtigt uns unsere Niedrigkeit, und im Blick auf seine Reinheit erkennen wir unseren Schmutz. In der Betrachtung seiner Demut werden wir sehen, wie weit wir vom Demütigsein entfernt sind.

Das bringt uns zweierlei Gewinn: Erstens erscheint natürlich etwas Weißes weißer neben etwas Schwarzem und umgekehrt das Schwarze [schwärzer] neben dem Weißen. Zweitens werden unser Verstand und Wille edler und eher zu allem Guten bereit, wenn sie, statt mit sich selbst, mit Gott umgehen.

Von dieser *ersten Wohnung* könnte ich aus Erfahrung eine sehr gute Beschreibung geben. Weshalb ich sage, man möge sich nicht wenige Zimmer vorstellen, sondern eine Million, denn auf vielerlei Weisen kommen die Seelen hier herein, alle mit guter Absicht. Da aber die des Teufels stets böse ist, muss es in jeder Wohnung Legionen von Teufeln geben, die kämpfen, um die Seele daran zu hindern, von einem Gemach in das nächste zu gelangen. Und da die arme Seele das nicht erkennt, täuscht er sie mit tausend Gaukeleien. Das kann er allerdings weniger in den Wohnungen, die der des Königs schon nah sind. In der ersten Wohnung aber, da die Seelen noch vollgesogen sind mit Welt, eingetaucht in deren Freuden und aufgegangen in weltlichen Ehren und Ansprüchen, haben die Vasallen der Seele, nämlich die Sinne und Geistesvermögen, die Gott ihr von Natur gab, noch nicht die nötige Kraft. Leicht werden darum diese Seelen besiegt, auch wenn sie ganz erfüllt sind von dem Wunsche, sich an Gott nicht zu versündigen und gute Werke tun. Die sich in diesem Stande sehen, müssen, so oft sie nur können, seine Majestät um Hilfe bitten, müssen seine selige Mutter als Fürsprecherin wählen und seine Heiligen anrufen, damit sie für sie kämpfen. Denn seine Knechte haben nur wenig Kraft zu ihrer Verteidigung. In Wahrheit ist es sogar auf allen Stufen nötig, dass uns von Gott Stärke zukomme. Seine Majestät möge sie uns in seiner Barmherzigkeit geben, amen.

Welch ein erbärmliches Leben leben wir doch! Darum sprach ich schon an anderer Stelle[12] viel von dem Schaden, Töchter, den wir davon haben, wenn wir das mit der Demut und Selbsterkenntnis nicht recht verstanden haben. Ich will euch jetzt nichts weiter darüber sagen, wenn es auch das

Wichtigste ist. Gebe der Herr, dass ich schon einiges gesagt habe, was euch nützlich sein kann (I M 2; 7-13). –

Um in die *zweite Wohnung* gelangen zu können, muss man sich aller nicht notwendigen Dinge und Vorhaben entledigen, ein jeder seinem Stande [seinen Verpflichtungen] entsprechend. Das ist für das Erreichen der Hauptwohnung von solcher Bedeutung, dass ich es für unmöglich halte, wenn man jetzt nicht damit beginnt. Und ebenso unmöglich ist es, in der ersten Wohnung, in die man gerade eintrat, ganz ungefährdet zu weilen. Denn unter diesen Vipern ist es undenkbar, dass man nicht hin und wieder gebissen wird. –

Hütet euch, liebe Töchter, vor fremden Sorgen! Bedenkt, dass nur in wenigen Gemächern dieser Burg keine Teufel mehr kämpfen. Zwar ist es richtig, dass in einigen die Wachen stark zum Kampfe sind – ich habe, glaube ich, schon gesagt, dass damit die Seelenvermögen gemeint sind –, aber es ist sehr notwendig, dass wir auf der Hut bleiben, um teuflische Listen zu durchschauen, damit uns Satan nicht täusche als Engel des Lichts[13]. –

Ich sagte euch schon einmal, dass er wie eine lautlose Feile ist[14]. Wir müssen ihn darum gleich in den Anfängen erkennen. Ich will euch Beispiele nennen, damit ihr es besser versteht:

Er flößt einer Schwester eine so leidenschaftliche Bußgesinnung ein, dass sie meint, keine Ruhe zu finden, wenn sie sich nicht martert. So weit, so gut. Wenn aber die Priorin angewiesen hat, keine Bußübungen ohne Erlaubnis vorzunehmen, und die Schwester meint, etwas so Gutes könne sie heimlich wagen und sie sich mit solchem Leben die Gesundheit ruiniert und gegen die Ordensregel verstößt, so seht ihr schon, wohin das führt!

Einer anderen gibt er ein großes Vollkommenheitsstreben ein, was ja gut ist. Aber das kann dazu führen, dass ihr jedes Fehlerchen ihrer Schwestern wie ein gewaltiger Fehltritt erscheint und ein ständiges Belauern und Zur-Priorin-Rennen zur Folge hat. Wobei es geschehen kann, dass sie die eigenen Fehler übersieht, so groß ist ihr frommer Eifer! Da die anderen Schwestern ihr nicht ins Herz blicken können und nur die »Besorgtheit« sehen, könnte es sein, dass sie das übel nehmen.

Es ist nicht wenig, was der Teufel hier erreichen will, nämlich Liebe und Verstehen untereinander abzukühlen. Das wäre ein großer Schaden. Lasst uns erkennen, liebe Töchter, dass die wahre Vollkommenheit in der Gottes- und Nächstenliebe besteht, und je vollkommener wir diese beiden Gebote halten, umso vollkommener sind wir. Unsere ganze Ordensregel und unsere Konstitutionen sind nichts anderes als Mittel, um dieses mit immer größerer Perfektion zu erfüllen. Lassen wir das unkluge Eifern, das uns viel Schaden zufügen kann. Eine jede prüfe sich selbst.

Weil ich darüber andernorts schon genug gesagt habe[15], will ich nicht weiter fortfahren.

Diese Liebe untereinander bedeutet so viel, dass ich wünsche, ihr möchtet sie niemals vergessen. Denn die Bereitschaft, Kleinigkeiten an anderen zu kritisieren, die vielleicht gar keine Unvollkommenheiten sind, sondern von uns nur als schlecht eingestuft werden, weil wir zu unwissend sind – diese Haltung kann der Seele den Frieden rauben und auch die Übrigen beunruhigen. Zudem könnte der Teufel diese Versuchung an der Priorin erproben, was noch gefährlicher wäre. Dafür bedarf es eines guten Unterscheidungsvermögens. Denn über das, was gegen die Regel und Konstitutionen verstößt, darf man nicht jedes Mal hinwegsehen. Man müsste sie [die Priorin] vielmehr darauf hinweisen und, wenn sie nicht reagiert, den Vorgesetzten benachrichtigen. Das ist Nächstenliebe. Und so auch mit den Schwestern, wenn es sich um etwas Schwerwiegendes handelt. Alles nur aus Furcht, es könne sich um eine Versuchung handeln, so hingehen zu lassen, wäre selbst eine Versuchung. Damit aber der Teufel uns nicht überlistet, muss man Acht geben, nicht mit einer anderen darüber zu klatschen. Sonst könnte die Gewohnheit der üblen Nachrede entstehen und der Teufel großen Gewinn daraus ziehen. Man spreche nur mit dem, der Abhilfe schaffen könnte, wie ich es gerade schon sagte. Hier sind wir, Gott sei Dank, der Gefahr nicht so ausgesetzt, weil wir fast ständiges Schweigen wahren. Aber es wäre doch gut, auf der Hut zu bleiben (I M 2; 14-18).

Der leise Ruf

Um nun mit der Darlegung der *vierten Wohnung*[16] beginnen zu können, muss ich tun, was ich früher schon tat: Mich dem Heiligen Geist anvertrauen und ihn bitten, dass er von nun an für mich spreche, damit ich von den weiteren Gemächern so reden möge, dass ihr es versteht. Denn hier beginnen die übernatürlichen[17] Dinge, die so schwer begreiflich zu machen sind, wenn seine Majestät nicht hilft. –

Da diese Wohnung der des Königs schon näher ist, ist ihre Schönheit groß. – Es mag nun scheinen, dass man, um in diese Wohnung hineinzukommen, zuvor lange Zeit in den anderen gelebt haben muss. Und wenn das auch normalerweise so ist, wie wir es eben sagten und im Vorausgehenden beschrieben, bedeutet es doch keine starre Regel, wie ihr schon öfter gehört haben werdet. Denn der Herr gibt seine Schätze wann er will, wie er will und wem er will, wodurch niemandem Unrecht geschieht[18].

Nur selten kommen die giftigen Vipern mit in diese Wohnung herein. Und wenn sie darin sind, schaden sie nicht, eher sind sie von Nutzen. Ich halte es sogar für besser, wenn sie mit hineinkommen und auf dieser Gebetsstufe Krieg führen. Denn gäbe es keine Anfechtungen[19], könnte der Teufel täuschen im Anschluss an die Beglückungen, die Gott schenkt. Damit wäre der Schaden viel größer als durch Anfechtungen, und die Seele würde weniger gewinnen. Zumindest wäre sie allem fern, was ihr verdienstlich sein könnte und verbliebe in einer ständigen Versunkenheit. Wenn die nämlich ununterbrochen andauert, halte ich sie weder für echt noch scheint es mir möglich, dass der Geist des Herrn so dauerhaft in diesem Exil verweilt.

Ich wollte noch etwas über den Unterschied zwischen den Freuden und den Beglückungen beim Gebet sagen. – Die Freuden beginnen in unserer eigenen Natur und enden in Gott. Die Beglückungen beginnen in Gott und unsere Natur empfängt sie und genießt sie ebenso, wie die besagten Freuden und noch viel mehr.

Ich möchte mich hierzu nicht weiter verbreiten, weil ich schon andernorts ausführlich darüber schrieb. Ich möchte euch nur darauf hinweisen, dass es zum Weiterkommen auf diesem Wege und zum Aufstieg in die ersehnten Wohnungen nicht darauf ankommt, viel zu denken, sondern viel zu lieben. Darum: Was am meisten Liebe in euch weckt, das tut! Vielleicht wissen wir aber auch gar nicht, was lieben heißt, das würde mich nicht sehr wundern. Denn es besteht nicht in dem, was uns am besten gefällt, sondern in der festen Entschlossenheit, Gott in allem erfreuen zu wollen und uns nach Kräften zu bemühen, nichts Gottwidriges zu tun und für den Ruhm und die Ehre seines Sohnes sowie die Verbreitung der katholischen Kirche zu beten[20]. Das sind die Merkmale der Liebe, und meint nicht, es komme darauf an, nichts anderes zu denken und dass alles verloren sei, wenn ihr euch ein wenig zerstreut.

Mir hat dieser Gedankentumult oft sehr zugesetzt, und es ist noch keine vier Jahre her, dass ich durch Erfahrung zu begreifen begann, dass die Gedanken – oder die Vorstellungen, damit man mich besser verstehe – nicht mit dem Verstand identisch sind. Ich befragte darüber einen Gelehrten[21], der es mir bestätigte. Darüber war meine Freude nicht klein. Denn da der Verstand eines der Grundvermögen der Seele ist, kam es mich hart an, ihn manchmal so aus den Fugen zu sehen. Fliegt doch der Gedanke im Allgemeinen so schnell dahin, dass nur Gott ihn binden kann, wenn er uns an sich bindet, wobei es scheint, als seien wir in gewisser Weise des Körpers entbunden. Ich meinte zu sehen, wie die Seelenvermögen auf Gott gerichtet und ruhig in ihm gesammelt waren, während andererseits die herumtobenden Gedanken mich wahnsinnig machten (IV M 1; 1-8).

Als ich jetzt dieses [über das Ruhegebet] schrieb, kam mir der Psalmenvers »dilatasti cor meum« [Ps 118,32] in den Sinn, der besagt, wie das Herz geschwellt wird. Doch scheint es mir etwas zu sein, was nicht im Herzen entspringt, sondern noch weiter innen als etwas ganz Tiefes. Das muss, denke ich, das Zentrum der Seele sein, wie ich es dann auch verstand und später noch sagen will. Denn ich erkenne in uns selbst Geheimnisse, vor denen ich manchmal erschrecke. Und wie viele weitere wird es noch geben! – Um wieder zu dem Vers zurückzukehren: was mir hier, so meine ich, helfen kann, ist dieses Weitwerden, das er anspricht. Diese göttlichen Wasser der Quelle, von der ich sprach, scheinen aus unseren Tiefen aufzusteigen und unser Inneres mit Gaben zu erweitern und auszudehnen, die man nicht in Worte fassen kann und die auch unsere Seele nicht verstehen lassen, was sie da erhält. Aber sie nimmt einen Duft wahr, als gäbe es in jenen inneren Tiefen ein Kohlenbecken, auf dem man Räucheressenzen verbrennt. Sie sieht weder die Flamme noch kann sie diese lokalisieren. Aber Wärme und Wohlgeruch durchdringen die ganze Seele, und meist hat auch der Körper daran teil. Seht, ihr müsst mich recht verstehen: weder fühlt man die Wärme noch riecht man den Duft, denn was man erfährt ist viel zarter als diese, ich will es euch nur verständlich machen, damit auch die verstehen, die es noch nicht erfuhren, dass es sich wirklich so ereignet und empfunden wird, und die Seele erkennt es viel deutlicher, als ich es jetzt zu sagen vermag. Das ist nichts, wonach man streben kann, denn mit all unserem Bemühen können wir es nicht erwerben. Daran sieht man, dass es nicht aus unserem Metall gemacht ist, sondern aus dem reinsten Golde der göttlichen Weisheit. Dabei sind meines Erachtens die Seelenkräfte noch nicht gottgeeint, sondern nach innen gewendet um sich in staunendem Erschrecken zu fragen, was das bedeute (IV M 2; 5-6).

Man sagt, dass die Seele »in sich gehe«, und dann auch wieder, dass sie »über sich hinausgehe«[22]. Mit dieser Sprache wüsste ich nichts zu erklären, denn ich beherrsche sie nicht. Ich denke aber, dass ihr mich versteht, so wie ich es sage. Vielleicht aber erkläre ich es auch nur für mich selbst. Stellen wir uns vor, dass die Sinne und Seelenkräfte, die ich als die Bewohner dieser Burg bezeichnete, um überhaupt etwas darüber aussagen zu können, wieder hinausgegangen sind für Tage und Jahre und sich mit Fremden herumtreiben, Feinden der Sicherheit dieser Burg

Schließlich aber erkennen die draußen ihr Verderben und nähern sich wieder der Burg, wenn sie auch nicht hineinkönnen, denn diese Gewohnheit des Umherstreunens ist etwas schwer zu Überwindendes. Aber sie sind jetzt keine Verräter mehr, und sie umrunden die Burg. Sieht nun der hohe König, der in der Burg wohnt, ihren guten Willen, so will er sie in seinem großen Erbarmen wieder zu sich zurückholen. Und als guter Hirte lässt er sie seine Stimme erkennen mit einem Lockruf, so sanft, dass sie selbst ihn gerade noch vernehmen und nicht immer weiter in die Irre gehen, sondern sich seiner Wohnung zuwenden. Dieser *Lockruf des Hirten* aber hat eine solche Macht, dass sie die äußeren Dinge, die sie in die Fremde gezogen hatten, verlassen und in die Burg zurückkehren.

Mir scheint, ich konnte das noch nie so gut erklären wie eben jetzt. Wenn Gott uns diese Gnade erweist, so ist das eine große Hilfe, um ihn im Innern zu suchen, wo man ihn leichter und heilsamer findet als in den Geschöpfen, wie schon der heilige Augustinus sagte, als er ihn gefunden hatte, nachdem er ihn zuvor allenthalben suchte. Aber denkt nicht, dass es durch den Verstand zu erwerben sei, indem man versucht, sich Gott im Innern zu denken, und auch nicht durch die Einbildungskraft, indem man ihn sich vorstellt. Das ist zwar eine vorzügliche Meditationsweise[23], weil sie von Wahrheit ausgeht, nämlich dass wir Gott in unserem Innern haben. Aber darum handelt es sich [bei der besprochenen Gnade] nicht, denn das kann jeder und mit Gottes Hilfe ist es gänzlich verstehbar. Was ich hier ausdrücken will, ist etwas anderes, denn manchmal geschieht es, dass diese Leute schon in der Burg sind, ehe sie überhaupt begannen, an Gott zu denken, denn sie hörten – ich weiß nicht wie und wo – den Lockruf ihres Hirten. Nicht mit den Ohren, denn man hört nichts, sondern man fühlt deutlich ein sanftes Nach-innen-gezogen-Werden. Wem es geschieht, der wird es verstehen, ich kann es nicht besser erklären. Mir ist so, als hätte ich den Vergleich mit einem Igel oder einer Schildkröte gelesen, wenn sie sich einziehen. Und der es schrieb[24], muss es gut verstanden haben. Aber diese [Tiere] tun das, wann sie wollen. Dort aber [bei der Burg] steht es nicht in unserem Belieben, sondern es geschieht, wenn Gott uns diese Gnade erweisen will. Ich persönlich meine, dass seine Majestät es bei solchen Menschen tut, die die Dinge der Welt schon losgelassen haben. Ich sage aber nicht, dass das auch von jenen verlangt wird, deren Stellung es nicht zulässt. Sie können nur ein Sehnen danach entwickeln. Dann ruft der Herr sie in besonderer Weise, damit sie ihre Aufmerksamkeit den inneren Dingen zuwenden. Und darum denke ich, dass, wenn wir seiner Majestät stattgeben, er jenem, den er zu Höherem zu berufen beginnt, nicht nur diese Gnade schenken wird (IV M 3; 2-3). –

Auf eine Gefahr möchte ich euch aufmerksam machen, auch wenn ich schon andernorts[25] davon gesprochen habe. Ich sah kontemplativ veranlagte Menschen von ihr betroffen, vor allem Frauen. Denn da wir das schwächere Geschlecht sind, geschieht häufiger das, was ich jetzt ansprechen will, nämlich: dass einige vom vielen Beten, den Bußübungen und durchwachten Nächten in ihrer körperlichen Verfassung geschwächt werden, die auch ohne dieses nicht eben stark war. Empfangen sie nun irgendeine innere Beglückung, werden sie Opfer ihrer Veranlagung. Denn während sie zugleich in etwa eine innere Befriedigung und eine äußere Entkräftung empfinden, erfahren sie eine Schwächung, die einem Schlaf gleicht, den sie »spirituell« nennen, was aber diesem Begriff nicht ganz entspricht. Ihnen aber erscheint das eine wie das andere, und sie lassen sich hineinsinken. Und je mehr sie das tun, umso tiefer versinken sie, weil ihre Natur zunehmend geschwächt wird, und sie meinen in ihrem Sinne, das sei eine Entrückung. Ich aber nenne es eine Erdrückung[26], denn es handelt sich um nichts anderes als um Zeitverlust und Gesundheitsvergeudung.

Man muss begreifen, dass bei einer wirklich gottgegebenen Erfahrung, möge sie auch von innerer und äußerer Erschöpfung begleitet sein, die Seele selbst nicht geschwächt ist, sondern voller starker Empfindung, sich Gott so nahe zu wissen. Auch ist es nicht von langer, sondern von sehr kurzer Dauer, selbst wenn man wiederholt zur Versenkung kommt. Bei dieser Gebetsart – wenn es, wie ich schon sagte, sich wirklich um diese und nicht um Schwäche handelt – kommt es weder zu einem körperlichen Zusammenbruch noch kann man dabei überhaupt etwas Äußeres wahrnehmen. Nimmt man aber Derartiges bei sich wahr, so rate ich, es der Priorin zu sagen und sich abzulenken, so gut man nur kann. Man verkürze dann die Gebetsstunden auf das Mindestmaß, sorge für Essen und guten Schlaf, bis die verlorenen Kräfte wiederkommen. Ist aber die natürliche Schwäche so groß, dass diese Maßnahmen nicht genügen, so glaubt mir, dass Gott diese Schwester für nichts anderes als für ein aktives Leben haben will, das doch auch in den Klöstern gebraucht wird. Man übertrage ihr Aufgaben und achte immer darauf, dass sie nicht viel allein sei, weil sie dann ganz die Gesundheit einbüßen könnte. Das wird für sie ein harter Verzicht. Der Herr will damit prüfen, wie ihre Liebe diese Verlassenheit trägt, und er wird ihr nach einiger Zeit wohl die Kräfte zurückgeben wollen. Wenn aber nicht, so werden ihr mündliches Beten und Gehorsam von Gewinn sein, und ihre Verdienste vor Gott werden ebenso groß sein wie hier [durch das kontemplative Beten] oder möglicherweise noch größer.

Ich habe ausführlich von dieser Wohnung gesprochen, weil ich glaube, dass sie es ist, die von den meisten Seelen erreicht wird. Und weil in ihr das Natürliche und das Übernatürliche so dicht nebeneinander sind, kann hier der Teufel mehr Schaden anrichten als in den weiteren Wohnungen, von denen noch die Rede sein soll. Der Herr lässt ihm in ihnen weniger Spielraum. Dafür sei ER gepriesen in Ewigkeit, amen! (IV M 3; 13-14).

Lichte Wolke

Ihr werdet meinen, Schwestern, es sei schon so viel über diesen geistlichen Weg gesagt, dass nichts mehr zu erklären übrig bleibt. So zu denken, wäre aber reichlich verfehlt, denn Gottes Größe ist grenzenlos und folglich auch seine Werke. Wer vermöchte die Taten seines Erbarmens und seiner Großmut zu zählen? Das ist unmöglich, und darum wundert euch nicht, wie viel schon gesagt wurde und was noch zu sagen ist, denn dies ist nur ein Gleichnis für all das, was von Gott ausmachbar wäre. Große Barmherzigkeit hat Gott uns erwiesen, indem er diese Dinge jemandem[27] mitteilte, auf dass sie uns bekannt würden. Denn je mehr wir erfahren, dass er sich den Geschöpfen mitteilt, umso mehr können wir seine Größe preisen und uns ermutigen, die Seelen nicht gering zu schätzen, an denen der Herr seine Freude hat. Jede von uns hat eine solche Seele, aber da wir sie oft nicht so schätzen, wie es einem Geschöpf zukommt, das nach dem Bilde Gottes geschaffen ist, erkennen wir auch nicht die großen Geheimnisse, die sie in sich birgt.

Wolle seine Majestät mir die Feder führen, so dass ich mich darauf verstehe, euch ein wenig zu sagen von dem vielen, das hier zu erklären wäre und das Gott dem zu verstehen gibt, den er in diese Wohnung einlässt. Ich habe seine Majestät darum inständig angefleht, denn er weiß, dass es meine Absicht ist, seine Barmherzigkeiten aus der Verborgenheit zu holen, damit sein Name immer mehr geheiligt und gepriesen werde.

Ich habe die Hoffnung, Schwestern, dass er mir diese Gnade gewähren wird, nicht meinetwegen, sondern um unseretwillen, damit ihr versteht, wie wichtig es für euch ist, nicht selbst zum Hindernis zu werden, wenn euer Bräutigam die geistliche Ehe mit euren Seelen schließen will. Bringt sie doch so viel Segen mit sich, wie ihr noch sehen werdet. O großer Gott! Wie müsste eine elende Kreatur wie ich zittern, wenn sie etwas darlegt, was das, was ich zu erkennen würdig bin, so übersteigt. Und ich war wirklich sehr im Zweifel, ob es nicht besser sei, diese Wohnung nur mit knappen Worten zu erledigen, denn man könnte ja denken, ich spräche aus Erfahrung[28]. Was mich sehr beschämen würde, ja, schrecklich wäre, weil ich mich kenne! Andererseits hielt ich doch meine Bedenken für Versuchung und Schwäche, schließlich dürft ihr doch entsprechend über mich urteilen. Gott sei gelobt und ein bisschen besser verstanden, wie auch immer die Welt Zeter und Mordio über mich schreien mag! Zumal ich vielleicht schon tot bin, wenn man dies zu sehen bekommt. Gepriesen sei, der da lebt und leben wird in Ewigkeit, amen.

Wenn unser Herr sich der vergangenen und gegenwärtigen Leiden der Seele, die er spirituell schon zur Braut nahm, erbarmen will, führt er sie vor dem Vollzug der Ehe in sein Heim, also in die *siebente Wohnung*. Denn so wie er eine Wohnstatt im Himmel hat, muss es auch in der Seele eine Stätte geben, wo allein seine Majestät wohnt – sagen wir: einen zweiten Himmel. Es ist für uns sehr wichtig, Schwestern, dass wir die Seele nicht für irgendetwas Dunkles halten. Es kommt uns, weil sie unsichtbar ist, gewöhnlich allerdings so vor, als gebe es nur das äußere Licht und folglich müsse im Innern Dunkelheit herrschen. Ich muss zugeben, dass das für die Seele, die nicht im Gnadenstand ist, auch zutrifft. Aber nicht weil ihr die Sonne der Gerechtigkeit fehle, die ihr doch Sein verleiht, sondern weil sie von sich aus nicht fähig ist, das Licht zu empfangen. Ich erzählte, glaube ich, schon in der »Ersten Wohnung«, wie jemand erkannt hatte, dass diese unglücklichen Seelen sich wie in einem dunklen Kerker fühlen, an Händen und Füßen gebunden, blind und stumm, so dass sie nichts Gutes vollbringen können, das ihnen zum Heil verhelfen würde. Mit Recht sollten wir Mitleid mit ihnen empfinden und bedenken, dass es eine Zeit gab, da wir uns in der gleichen Lage sahen und dass der Herr sich ihrer erbarmen kann, wie er sich unser erbarmte.

Wenden wir doch, Schwestern, besondere Sorgfalt auf unser Gebet und seien wir nicht nachlässig, denn wir tun sehr viel, wenn wir für jene bitten, die in Todsünde leben. Noch viel mehr, als wenn wir einem Christen begegneten, dem die Hände auf dem Rücken mit einer starken Kette gefesselt wären und der, an einen Pfahl gebunden, vor Hunger stirbt. Nicht, weil es keine Nahrung gäbe, sondern weil er von den köstlichsten Speisen umgeben ist, die er aber nicht zum Munde führen kann, wobei ihn zudem gewaltiges Grauen packt, weil er sieht, dass er sterben muss, nicht den zeitlichen, sondern den ewigen Tod: Wäre es nicht höchst grausam, ihn nur zu betrachten und ihm nicht einen Bissen zum Mund zu führen, damit er essen kann? Was aber würde es erst bedeuten, wenn ihm durch euer Gebet die Ketten abgenommen würden? Ihr versteht mich schon. Ich bitte euch bei der Liebe Gottes, in euren Gebeten immer solcher Seelen zu gedenken.

Lasst uns nun aber von jenen Seelen sprechen, die mit Gottes Barmherzigkeit Buße taten für ihre Sünden und Gnade gefunden haben. Da können wir erkennen, dass die Seele nichts Begrenztes und Winkliges ist, sondern eine innere Welt, die so viele und liebliche Wohnungen birgt, wie ihr gesehen habt. Und so muss es auch sein, denn im Innern der Seele gibt es eine Wohnung für Gott.

Wenn es dann seiner Majestät gefällt, ihr die Gnade der erwähnten göttlichen Vermählung zu erweisen, holt er sie zunächst in seine Wohnung. Und nun wünscht seine Majestät, dass es anders sei als sonst, wenn er sie in Ekstasen entrückte. Zwar glaube ich wohl, dass er sie bei den Ekstasen und in der Erfahrung, die man Gebet der Einswerdung nennt, schon mit sich vereinte. Aber die Seele hatte dabei nicht, wie jetzt in dieser Wohnung, den Eindruck, in ihre Mitte gerufen zu werden, sondern in ihren höheren Teil. Aber wie auch immer, wichtig ist nur, dass der Herr sie mit sich einte. Dafür machte er sie blind und stumm wie den heiligen Paulus bei seiner Bekehrung, und verwehrte ihr das Erkennen, wie und auf welche Weise sie zu der Gnade gelangte, deren sie sich erfreute. Während es ihr großes Glück war, sich bei Gott zu wissen, begriff sie nichts, denn all ihre Seelenvermögen waren stillgelegt[29].

Hier aber ist es anders: Unser guter Gott will ihr nun die Schuppen von den Augen nehmen, damit sie etwas von der Gnade, die er ihr erweist, sehe und verstehe, wenn auch auf ungewöhnliche Weise. In dieser Wohnung führt er ihr die Wahrheit mittels einer geistigen [bildlosen] Vision vor Augen. Er zeigt ihr die Heilige Dreifaltigkeit, alle drei Gestalten, in einem Lodern, das zunächst wie eine ganz lichte Wolke ihren Geist überlagert. So macht die Seele die wunderbare Erfahrung, dass diese drei Personen verschieden und doch nur eine Wesenheit sind, eine Macht, ein Wissen und ein einziger Gott. Was wir durch den Glauben kennen, versteht sie hier in einer Schauung, so dürfen wir sagen, wenn auch in keiner bildhaften[30], denn weder die Augen des Leibes noch der Seele sind hier beteiligt, weil die Vision keine imaginäre ist. So nun teilen sich ihr alle drei Personen mit, sprechen zu ihr und lassen sie die Worte des Herrn im Evangelium verstehen: Er werde kommen mit dem Vater und dem Heiligen Geist, um Wohnung zu nehmen in der Seele, die ihn liebt und seine Gebote hält[31].

O helfe mir Gott! Welch ein Unterschied ist es doch, ob man diese Dinge [nur] hört und glaubt, oder ob man in dieser Weise erfährt, wie wahr sie sind! Diese Seele gerät jeden Tag mehr ins Staunen, weil ihr scheint, dass die drei Personen sie niemals mehr verlassen, dass sie ganz offensichtlich in der erwähnten Weise[32] wahrnimmt, dass sie im Inneren der Seele sind, im Allerallerinnersten. Sie spürt diese göttliche Gesellschaft in einer solchen Tiefe, dass sie nichts darüber zu sagen vermag, zumal sie keine Gelehrsamkeit besitzt.

Ihr könntet meinen, dass demzufolge die Seele nicht bei sich sei, sondern so versunken, dass sie nichts mehr verstehen kann. Ganz im Gegenteil! Sie ist im Dienste Gottes viel aufmerksamer als zuvor. Sonst aber frei von Tätigkeiten, weilt sie in dieser willkommenen Gesellschaft. Und wenn die Seele es Gott gegenüber an nichts fehlen lässt, wird auch er, so meine ich, nie verfehlen, sie seine Gegenwart ganz fühlbar wahrnehmen zu lassen. Und sie vertraut fest, dass Gott ihr diese Gnade nicht geschenkt hat, damit sie sie wieder verliere. Dem kann man nur zustimmen, wenn auch die Seele behutsamer vorgeht denn je, um Gott in keiner Weise zu missfallen.

Das Bewusstsein dieser Gegenwart erhält sich nicht so gänzlich, ich meine, so klar wie beim ersten Mal und gelegentlich auch später, wenn Gott ihr dieses Geschenk machen will. Denn wäre es anders, könnte sie unmöglich etwas anderes denken oder auch nur unter ihren Mitmenschen leben. Aber wenn auch nicht in diesem klaren Lichte, bleibt ihr doch immer die Wahrnehmung, dass diese Anwesenheit sie begleitet. Wir möchten das vergleichen mit jemandem, der sich mit weiteren Personen in einem hellen Zimmer befindet. Dann aber werden die Fensterläden geschlossen und man bleibt im Dunkeln. Obwohl nun aber kein Licht mehr das Sehen ermöglicht und man nichts sieht, bis wieder Licht hereingelassen wird, verliert man doch nicht das Gespür für die anderen Anwesenden. Es fragt sich nur, ob es der Seele freisteht, das Licht wieder einzulassen, um sie sehen zu können. Nein, das hat sie nicht in der Hand, es hängt vielmehr davon ab, wann unser Herr will, dass sich das Fenster ihrer Erkenntnis öffne. Es ist ja schon eine beträchtliche Barmherzigkeit, dass er sie niemals verlässt und dafür sorgt, dass sie dies sehr verständig verstehe.

Mit dieser wunderbaren Gesellschaft will seine Majestät wohl die Seele auf noch Größeres vorbereiten. Denn es ist klar, dass ihr bestens geholfen wird, in der Vollkommenheit voranzukommen und die Furcht zu verlieren, die sie manchmal, wie gesagt, angesichts der schon erhaltenen Gnaden überkam. So fand sie sich also in allem gebessert, und es schien ihr, dass, was auch immer sie an Lasten und Mühen zu bewältigen hatte, sie doch mit ihrem tiefsten Wesen in dieser Wohnung bliebe. Darum empfand sie innerlich so etwas wie eine Teilung, und wenn ihr große Mühsal auferlegt wurde, wie sie es kurz nach dem Gottesgeschenk dieser Gnade erfuhr, beklagte sie sich darüber so, wie sich Marta über Maria beklagte. Und manchmal sagte sie zu Maria, dass diese sich stets nach Belieben der Ruhe erfreue, sie dabei aber in all ihren Belastungen und Aktivitäten im Stich lasse, statt ihr zu helfen.

Das mag euch wohl unsinnig vorkommen, meine Töchter, aber so geschieht es wirklich. Und wenn man auch weiß, dass die Seele ein Ganzes ist, ist doch das von mir Geschilderte kein Hirngespinst, sondern etwas völlig Normales. Darum sagte ich, dass man im Innern etwas erfährt, das einen mit Sicherheit verstehen lässt, wie es einen gewissen, aber doch sehr deutlichen Unterschied gibt zwischen Geist und Seele, wenn sie auch grundsätzlich ein und dasselbe sind. Man nimmt eine ganz zarte Trennung wahr, so, als wirke das eine unabhängig vom anderen, je nach der Erfahrung, die der Herr schenken will. Auch will mir scheinen, dass die Seele etwas anderes sei als die Seelenvermögen und beides folglich nicht dasselbe. Es gibt so viele und so differenzierte Dinge in uns, dass es vermessen wäre, wollte ich versuchen, sie zu erklären. Einst in der Ewigkeit werden wir sie erkennen, wenn uns der Herr in seiner Barmherzigkeit die Gnade erweist, uns dorthin zu führen, wo wir diese Geheimnisse verstehen können (VII M 1; 1-11).

Die Größe der Liebe

Ihr dürft nicht meinen, Schwestern, dass diese Wirkungen, von denen ich sprach, ununterbrochen in den Seelen anhalten. Darum füge ich, wenn es mir einfällt, immer ein »meistens« hinzu. Denn manchmal überlässt unser Herr sie wieder ihren natürlichen Bestrebungen, und da scheint es nicht anders, als rotte sich das ganze Giftzeug aus den Wohnungen und der Umgebung der Burg zusammen, um sich für die Zeit zu rächen, da diese Seelen ihm entzogen waren.

Freilich ist das nur von kurzer Dauer, einen Tag nur oder ein bisschen mehr. Aber in diesem erheblichen Durcheinander, das meist von irgendeiner Gefährdung herrührt, wird deutlich, was die Seele in ihrer Gottesfreundschaft gewonnen hat. Denn der Herr verleiht ihr eine große Festigkeit, in nichts von ihrem Einsatz und ihren guten Vorsätzen abzuweichen, ja es scheint, dass diese noch gestärkt werden und nicht einmal eine kleine erste Regung die Entschlossenheit ins Wanken brächte. Und wie gesagt, diese Unordnung stellt sich nur selten ein und geschieht nur, weil erstens unser Herr die Seele nicht vergessen lassen will, wer sie ist, damit sie demütig bleibe und zweitens, damit ihr noch mehr bewusst werde, was sie Seiner Majestät schuldet, dass sie also das Ausmaß der empfangenen Gnade erkenne und den Herrn preise.

Ebenso wenig darf euch in den Sinn kommen, die Seelen mit ihrer großen Sehnsucht und ihrer Entschlossenheit, um keinen Preis eine Unvollkommenheit bei sich zuzulassen, seien frei von Fehlern. Das gilt auch für die Sünden. Zwar keine willentlichen, dafür gibt ihnen der Herr zu viele spezielle Hilfen. Ich spreche nur von lässlichen Sünden, denn von Todsünden, sofern sie diese erkennen, sind sie frei, wenn auch nicht mit Sicherheit, weil ihnen die eine oder andere vielleicht nicht bewusst ist. Das bedeutet für sie keine geringe Not. Auch leiden sie unter dem Anblick der Seelen, die verloren gehen. Und wenn sie auch große Hoffnung haben, nicht zu diesen zu gehören, weil sie sich einiger [Gestalten] der Heiligen Schrift erinnern, die Gnade vor dem Herrn gefunden haben, wie z.B. der König Salomo, der seiner Majestät so eng verbunden war. Aber – ich wiederhole es – sie können deshalb doch nicht aufhören zu fürchten. Und diejenige unter euch, die sich am sichersten fühlt, muss am meisten fürchten, denn, wie David sagt, *glückselig alle, die den Herrn fürchten* [Ps 127,1]. Seine Majestät möge uns immer bewahren. Betet, dass ihr euch nie an ihm versündigt, das ist der beste Schutz, den wir haben können. Der Herr sei gelobt in Ewigkeit, amen (VII M 4; 1-3).

Es wird gut sein, Schwestern, die Absicht zu nennen, mit der der Herr in dieser Welt so viele Gnaden gibt. Denn auch wenn ihr die Wirkungen schon verstanden habt, weil ihr Acht gabt, möchte ich es euch doch noch einmal sagen. Es möge bloß keine denken, es gehe nur darum, diese Seelen zu erfreuen, das wäre ein großer Irrtum! Denn Seine Majestät kann uns kein größeres Geschenk machen, als uns ein Leben in der Nachfolge Christi, seines geliebten Sohnes zu geben. Und darum halte ich es für gewiss, dass diese Gnaden unsere Schwachheit stärken sollen, um, wie ich schon mehrfach sagte[33], ihm in großem Leiden nachfolgen zu können.

Immer haben wir gesehen, dass jene, die Christus am nächsten sind, es auch am schwersten haben, wir brauchen uns nur vor Augen zu halten, was seine selige Mutter und die glorreichen Apostel durchmachen mussten. Was meint ihr denn, warum der heilige Paulus so unerhörte Belastungen ertrug? An ihm können wir erkennen, welche Wirkungen die Kontemplation und die echten Visionen haben, ob sie von unserem Herrn kommen oder nur Einbildung und Teufelstrug sind. Hat sich Paulus etwa zurückgezogen, um die Beglückungen zu genießen und sich um weiter nichts zu kümmern? Ihr wisst doch, dass er keinen Tag Ruhe hatte, so weit wir das beurteilen können, und ebenso wenig muss sie ihm des Nachts zuteil geworden sein, denn das war die

Zeit, in der er seinen Lebensunterhalt verdiente. Und ich schätze sehr die Geschichte vom heiligen Petrus, wie er im Begriff war, aus dem Gefängnis zu fliehen und unser Herr ihm erschien und sagte, er wolle nach Rom gehen und sich abermals kreuzigen lassen. Immer fühle ich mich tief getröstet, wenn wir daran an jenem Festtag im Gebet gedenken. Wie wirkte diese Gnade auf den heiligen Petrus, was tat er nun? Er ging mit ihr in den Tod. Und er betrachtete es als keine geringe Gnade des Herrn, dem begegnet zu sein, der über seinen Tod verfügen konnte.

O meine Schwestern! Wie wird die Seele, in der der Herr wohnt, ihre Ruhe vergessen, wie wenig wird sie auf ihre Ehre geben und wie fern ist sie allem Geltungsstreben! Denn wenn sie viel mit ihm zusammen ist, wie es ja doch sein soll, hat sie kaum noch die Möglichkeit, an sich selbst zu denken. All ihr Sinnen und Trachten richtet sich auf die Frage, wie sie ihm noch gefälliger sein und wodurch sie ihm ihre Liebe noch besser erweisen könnte. Denn dafür ist das innere Gebet da, meine Töchter, und dazu dient diese geistliche Ehe: dass daraus Werke hervorgehen, Werke!

Das ist der wahre Beweis, dass etwas – wie ich euch schon einmal sagte[34] – eine von Gott gegebene Gnade ist. Denn was nützt es mir schon, wenn ich mich in die Einsamkeit zurückziehe und meine guten Absichten auf den Herrn richte, indem ich ihm Wunderwerke in seinem Dienste vorschlage und verspreche, wenn ich dann, kaum wieder draußen, bei nächster Gelegenheit genau das Gegenteil tue? Doch sagte ich fälschlich, es nütze wenig, denn jeder Gottesbezug ist sehr von Nutzen. Und was diese Entschlüsse angeht, für die wir uns als zu schwach erweisen, wird Seine Majestät sie uns eines Tages so auftragen, dass wir sie ausführen, vielleicht, ja sehr oft, sogar gegen unseren Widerstand. Wenn nämlich Gott eine Seele sehr feige sieht, lädt er ihr ganz gegen ihren Willen eine große Last auf und lässt sie dann mit Gewinn aus ihrem Leiden hervorgehen. Und weil die Seele dies versteht, verliert sich dann die Feigheit und wird sie für Gott zu Weiterem bereit. Ich hatte den Ausdruck »wenig« nur im Vergleich zu dem viel größeren Nutzen gebraucht, wenn die Werke mit den Absichten und Worten übereinstimmen. Und ich meinte, dass diejenige, die das noch nicht sofort kann, es nach und nach lernen wird. Sie muss ihren Willen beherrschen, wenn sie Nutzen aus dem Gebet ziehen will. Dazu wird es ihr in diesen engen Mauern nicht an Gelegenheiten fehlen. –

Ich wiederhole: es genügt nicht, wenn ihr euer Leben nur auf Beten und Kontemplation gründen wollt. Wenn ihr euch nicht um Tugenden bemüht und euch darin übt, werdet ihr immer Zwerginnen bleiben. Und gebe Gott, dass es sich nur um Nichtwachsen handelt. Denn ihr wisst doch, wer nicht wächst, der schrumpft. Ich halte es für unmöglich, dass wirkliche Liebe sich mit ihrer bloßen Erhaltung begnügt.

Es könnte euch scheinen, ich spräche hier nur zu den Anfängerinnen, später würde man dann schon ausruhen können. Ich habe euch aber schon gesagt[35], dass die Ruhe, die diese Seelen im Innern verspüren, nur dazu dient – und auch nicht anders gesucht wird – als um sie im äußeren Leben umso weniger zu haben. Was meint ihr denn, wofür jene erwähnten Eingebungen (inspiraciones) oder besser noch: Bestrebungen (aspiraciones) dienen? Und wofür jene Sicherheiten, die vom inneren Zentrum aus den oberen Schlossbewohnern und jenen in den weiter außen liegenden Wohnungen zugesagt werden? Damit sie sich schlafen legen? Nein, nein, nein! Um sie noch kampffähiger zu machen als zuvor, als die Seele noch an ihrer Seite stritt. Damit also die geistigen Vermögen und die Sinne, überhaupt die ganze Leiblichkeit nicht müßig seien. Denn damals verstand die Seele noch nicht den großen Gewinn, der uns aus den Leiden zuteil wird, die sie so glücklich in Gottes Wohnung gebracht haben, verstand noch nicht, dass ihr aus dieser Gemeinschaft mehr Kräfte zuwachsen denn je. Sagt doch David, und das ist nicht zu bezweifeln, dass wir mit den Heiligen heilig werden, mehr noch: dass in der erhabenen Vereinigung des Geistes mit dem GEISTE die Seele eins wird mit dem STARKEN, wobei die Stärke auf sie übergeht. Daran erkennen wir, woher die Heiligen ihre Kraft nahmen zum Leiden und zum Sterben. –

Darum, meine Schwestern, sollten wir uns bemühen, so wünsche ich es, und nicht um es zu genießen, sondern um Kraft zum Dienen zu gewinnen: Darum sollten wir beten und es uns angelegen sein lassen. Und wir sollen uns keinen unbetretenen Pfad suchen, denn dann verirren wir uns leicht. Keinen anderen Weg also für diese Gottesgnaden als jenen, den Christus ging und alle seine Heiligen. Anderes komme uns nicht in den Sinn! Glaubt mir, Marta und Maria müssen zusammenwirken, um den Herrn bei sich zu haben und zu behalten, sie dürfen keine schlechten Gastgeberinnen sein, die ihn nicht bewirten[36]. Was aber konnte Maria ihm geben, da sie doch immer zu seinen Füßen saß und ihrer Schwester nicht half? Es ist ja aber seine Speise, dass wir in jeder uns möglichen Weise Seelen gewinnen, auf dass sie das Heil erlangen und ihn preisen in Ewigkeit. –

Ihr werdet einwenden, dass ihr nicht wisst, wie ihr Seelen für Gott gewinnen solltet oder könntet. Ihr würdet das ja gern tun, aber da ihr nicht wie die Apostel lehren und predigen dürftet, sähet ihr keine Möglichkeit. Darauf habe ich schon mehrfach in meinen Schriften geantwortet, ich weiß nicht genau, ob auch schon in dieser *Inneren Burg*. Weil ich aber zu wissen glaube, was euch durch die vom Herrn eingegebenen Bestrebungen so durch den Kopf geht, möchte ich nicht versäumen, noch einmal darauf einzugehen: Ich sagte euch ja schon an anderer Stelle[37], dass uns der Teufel manchmal große Wünsche eingibt, damit wir mit dem, was wir für Gott unmittelbar tun könnten, gar nicht erst beginnen und uns damit begnügen, das Unmögliche gewollt zu haben. Abgesehen von eurem wirklich hilfreichen Gebet solltet ihr nicht gleich der ganzen Welt beistehen wollen, sondern denen, die mit euch zusammenleben. So tut ihr das größere Werk, denn ihnen seid ihr verpflichtet. Meint ihr, der Gewinn sei gering, wenn eure Demut groß ist, eure Selbstüberwindung, wenn ihr euch alle gegenseitig dient und einander viel Mitgefühl erweist, dazu eine solche Gottesliebe, dass ihr Feuer alle entflammt und weitere Tugenden, die immer ansteckend wirken? Nein, das wäre doch ein großer Gewinn, und dem Herrn ein höchst wohlgefälliger Dienst. Wenn ihr dies aber verwirklicht – und das könnt ihr – , so wird Seine Majestät erkennen, dass ihr noch viel mehr zu leisten vermögt. Und er wird es euch lohnen, als hättet ihr ihm viele Seelen gewonnen.

Ihr werdet antworten, das sei keine Bekehrung, weil [bei euch] ja alle fromm seien. Was kümmert euch das? Je besser die Seelen, umso wohlgefälliger ist ihr Lobpreis dem Herrn und umso wirksamer ihr Gebet für die Nächsten.

Kurz, meine Schwestern, und damit will ich schließen: Bauen wir doch keine Türme ohne Fundament! Sieht doch der Herr weniger auf die Größe der Werke als auf die Liebe, mit der sie getan werden. Und wenn wir tun, was in unseren Kräften steht, wird uns Seine Majestät nach und nach mit jedem Tag ein wenig mehr Kraft geben, so dass wir nicht ermüden, sondern in unserem kurzen Leben – das vielleicht noch kürzer ist, als manche denkt – unserem Herrn innerlich und äußerlich das Opfer darbringen, zu dem wir fähig sind. Seine Majestät wird es mit dem vereinen, das er am Kreuze für uns dem Vater anbot. So bekommt es den Wert, der unserem guten Willen entspricht, auch wenn die Werke nur unbedeutend sind.

Möge es Seiner Majestät gefallen, meine Schwestern und Töchter, dass wir uns [dereinst] alle dort sehen, wo wir ihn auf ewig loben. Und wolle er mir Gnade geben, auf dass ich durch die Verdienste seines Sohnes, der da lebt und herrscht in Ewigkeit, etwas von dem verwirkliche, was ich euch lehre, amen. Ich muss euch aber sagen, dass ich [wegen meines Anspruchs der Lehre] tief beschämt bin, und so bitte ich euch im Namen unseres Herrn, in euren Gebeten diese arme Elende nicht zu vergessen! (VII M 4; 4-16).

Fray Luis de León (1527-1591). Porträt von Francisco Pacheco (Lehrer und Schwager des Velázquez), Libro de Descripión de Verdaderos Retratos de Ilustres y Memorables Varones, 1599.

NACHWORT

Fray Luis de León

Fray Luis de León (1527-91), Augustiner und Professor für Heilige Schrift, Scholastik und Moralphilosophie an der Universität von Salamanca, Dichter und Theologe von Gottes Gnaden, gilt heute geradezu als Inbegriff der spanischen Renaissance. Er wollte die Harmonie von Antike und Christentum durch Einbeziehung der reichen jüdischen Tradition zum Dreiklang fügen. Doch das schuf ihm, dem großen Hebräisten und Alttestamentler, erbitterte Feinde, zumal er selbst auf jüdische Vorfahren zurückblickte, wodurch man sich im damaligen Spanien der Ketzerei verdächtig machte. So brachte ihm die Übersetzung des Hohenliedes aus dem Hebräischen lange Kerkerjahre ein, weil die spanische Inquisition nur Übersetzungen aus der christlich-lateinischen Vulgata duldete.

Doch Zeit und Vernunft arbeiteten für ihn, und glänzend gerechtfertigt kehrte er 1576 auf seinen Lehrstuhl zurück mit den geflügelten Worten: *Dicebamus hesterna die* – »wir waren gestern stehen geblieben«. Seine geistlichen Exegesen und Prosaschriften überstrahlen die Jahrhunderte, seine Lyrik wurde zum Leitbild aller Schönheit und heiteren Gelassenheit der Epoche. Lope de Vega nannte ihn »göttlich« [Laurel de Apolo], Cervantes einen »Genius, vor dem die staunende Welt erschrickt, vor dem sie sich neigt, den sie verehrt und nachahmt« [La Galatea].

Fünf Jahre nach dem Tode Teresas, also 1587, wurde er vom Königlichen Rat mit der Überprüfung und Herausgabe ihrer Werke beauftragt (noch ohne das Buch der Klostergründungen und die Briefe). Fray Luis widmete sich dieser Aufgabe mit all seiner Liebe und Begeisterung. Dazu mit so viel Ehrfurcht und philologischem Verständnis, dass wir wesentlich ihm die Erhaltung und Überlieferung der Originaltexte verdanken. Er fügte den Werken der Teresa einen Brief an ihre begabteste geistliche Tochter Ana de Jesús als Vorwort bei. Sie hatte sich für seine Herausgeberschaft eingesetzt. Die Erstausgabe der *Libros de la Madre Teresa de Jesús* wurde 1588 bei Guillermo Foquel in Salamanca gedruckt.

Widmungsbrief an die Mutter Ana de Jesús
und die Unbeschuhten Karmelitinnen
im Kloster zu Madrid

Gelobt sei Jesus Christus!
Ich habe die Mutter Teresa während ihres Erdenlebens weder gesehen noch kennen gelernt. Nun aber, da sie im Himmel weilt, erblicke und erkenne ich sie in zwei lebensvollen Porträts, die sie hinterließ: ihre Töchter und ihre Bücher. Meiner Meinung nach treue und überaus verlässliche Zeugen ihrer großen Vorbildlichkeit. – Sind doch die Früchte, die ein jeder, der nicht mehr ist, hinterlässt, die wahren Zeugen seines Lebens. Deshalb verweist auch Christus im Evangelium einzig auf die Früchte, um Gutes

vom Bösen zu unterscheiden: »An ihren Früchten«, sagt er, »sollt ihr sie erkennen« (Mt 7,16).

Hätten mir also die Vorbildlichkeit und Heiligkeit der Mutter Teresa zu ihren Lebzeiten noch als unsicher und zweifelhaft gelten können, erkenne ich sie nun, da ich sie nicht sehe, aber ihr Wirken in den Töchtern und ihr Werk in den Büchern vor Augen habe, sicher und klar. Denn an der geistigen Kraft, die aus Ihnen, den Töchtern leuchtet, erkennt man fraglos die ihr von Gott geschenkte Gnadenfülle. So ist sie Mutter auch dieses jüngsten Wunders, denn dafür muss man halten, was Gott jetzt an Ihnen und durch Sie tut.

Wenn ein Wunder sich im Durchbrechen der natürlichen Ordnung kundtut, so ist für das Fortwirken der Mutter Teresa die Bezeichnung »Wunder« noch zu schwach. Denn es geschieht so Außerordentliches und Neues, dass man von einem ganzen System von Wundern sprechen muss. Ein Wunder ist es ja schon, dass eine Frau ganz allein einen männlichen und weiblichen Orden wieder zur einstigen Vollkommenheit emporführte. Der Grad seiner Vollendung ist ein weiteres Wunder, ein anderes das gewaltige Wachstum des Ordens aus kleinen Anfängen in wenigen Jahren.

Jede dieser Wirkungen ist beachtlich, denn es ist sonst nicht Sache einer Frau zu lehren, sondern belehrt zu werden, wie der Apostel Paulus schreibt. So ist es wirklich etwas ganz Neues und Unerhörtes, dass eine schwache Frau den Mut zu so großen Unternehmungen aufbrachte. Und dass sie dabei so weise und geschickt vorging, dass sie die Herzen aller gewann, die ihr begegneten. So konnte sie diese Gott zuführen. Sie zog einfach die Menschen hinter sich her, auch gegen die sich sträubende Natur.

In dieser unserer Zeit, da der Teufel in der Masse ihm verfallener Ungläubiger triumphiert und die Halsstarrigkeit vieler Abtrünniger ebenso für ihn wirkt wie die verbreitete Sündhaftigkeit »gläubiger« Christen, die zu seiner Gefolgschaft gehören, will, so meine ich, Gott den Teufel auf besondere Weise demütigen und beschämen. Darum sandte er keinen tapferen Mann von großer Gelehrsamkeit in den Kampf, sondern eine arme und alleinige Frau, auf dass sie ihn fordere und ihr Banner gegen ihn aufpflanze, und dass sie im öffentlichen Leben Menschen gewinne, die ihn besiegen, verachten und zertreten.

Zweifellos wollte Gott den Unzähligen, die heutzutage sein Reich mit ihrem irrenden Geist und ihrem Sittenverfall gefährden, seine Macht durch eine Frau beweisen, fähig, viele so zu erleuchten und zu bessern, dass sie täglich etwas von dem verlorenen Terrain zurückgewinnen. –

Ein ebenso getreues und nicht weniger wunderbares Abbild [als die Töchter] sind, wie ich schon sagte, ihre Schriften und Bücher. In ihnen zeigt uns der Heilige Geist die Mutter Teresa ohne Zweifel als ein ebenso hohes wie seltenes Vorbild. Denn in der Bedeutung ihrer Gegenstände wie in der Feinheit und Klarheit ihrer Aussage übertrifft sie viele berühmte Schriftsteller. Ja, ich frage mich, ob es in unserer Sprache Werke gibt, die es dem ihren gleichtun hinsichtlich der Sprachgebung, der Leichtigkeit und Klarheit ihres Stils, der Anmut ihrer wohlgesetzten Worte, der ungekünstelten Eleganz, die aufs Äußerste entzückt. Immer wenn ich in diesen Büchern lese, verwundere ich mich aufs Neue und oft scheint es mir, als vernähme ich hier mehr als den Geist eines Menschen. Ich halte für sicher, dass an vielen Stellen der Heilige Geist aus ihr spricht, der ihr Hand und Feder führte. Das wird offenbar an dem Licht, mit dem sie Dunkles erhellt und durch das Feuer, das sie mit ihren Worten im Herzen des Lesers entzündet.

Von allen Qualitäten und Vorteilen, die diese Bücher dem Lesenden bieten, möchte ich zwei hervorheben: erstens bringen sie seinen Geist auf den Pfad der Tugend, und zweitens entzünden sie in ihm die Gottsliebe. Denn einerseits ist es wunderbar zu sehen, wie die Lektüre Gott der Seele vor Augen stellt und ihr zeigt, wie leicht er zu finden und wie liebreich und freundschaftlich sein Umgang ist für die, die ihn gefunden haben. Und andererseits entflammt alles Gesagte, ja, jedes einzelne Wort, die Seele im Himmelsfeuer, so dass sie vor Glut vergeht. Alle nur möglichen Schwierigkeiten werden ihrem Blick und Fühlen entzogen, was nicht Unkenntnis bedeutet, sondern dass sie die Schwierigkeiten nicht mehr überschätzt, keine falsche Vorstellung sie mehr täuscht und sie von ihrer Lauheit und Schwerfälligkeit befreit ist. Die Sehnsucht nach dem Guten beflügelt die Seele nun so sehr, dass sie geradewegs darauf zufliegt. Denn die große Liebe, die im Herzen der heiligen Mutter lebte, brennt in ihren Worten, so dass diese alles entflammen, was sie berühren.

Die Erstausgabe dieser Bücher, für die mir der Königliche Rat die Verantwortung übertrug, kann ich diesem Kloster guten Gewissens widmen, denn ich habe keine geringe Mühe und Arbeit darauf verwendet. Ich habe die Bücher nicht nur auf ihre Rechtgläubigkeit geprüft, wie mir der Königliche Rat auftrug, sondern sie mit den Originalmanuskripten verglichen, die einige Zeit in meinen Händen waren. Dabei habe ich die Urschrift wieder hergestellt, wie sie aus der Hand der Mutter hervorging, und weder dem

Worte noch dem Sinne nach das Geringste daran verändert. Die kursierenden Abschriften zeigten erhebliche Entstellungen, sei es durch Nachlässigkeit, Anmaßung oder Irrtum der Schreiber. Es ist doch eine gewaltige Unverfrorenheit oder ein böser Fehler, Sinn und Worte dessen abzuändern, was Gott einem Herzen, in dem er wohnte, zu schreiben eingab. Wer das Spanische gut beherrscht, wird sehen, dass das der Mutter die Eleganz selber ist. Auch wenn sie gelegentlich den Satz nicht beendet, sondern ihn durch eingeschobene Sätze oder Satzteile unterbricht und verändert, so vollführt sie diese Operation mit so viel Geschick und Charme, dass der Fehler die Schönheit noch steigert, wie es das sprichwörtliche Pflästerchen tut. – Ich gebe also die Werke wieder in ihrer Urfassung heraus.

Da es aber nichts Gutes gibt, was der Bosheit der Menschen nicht eine Angriffsfläche böte, wird es recht sein, wenn ich euer Ehrwürden hiermit in Kürze einige Gedanken darlege.

Diese Bücher berichten von Offenbarungen und inneren Erfahrungen, die jenseits des üblichen Verständnisses von Beten stehen. Und so wird wohl so mancher befinden, dass diese Dinge zweifelhaft seien und man sie besser nicht veröffentliche. Auch sei der innere Umgang der Seele mit Gott die Angelegenheit einiger weniger, und das Bekanntwerden könnte der großen Masse der Gläubigen gefährlich sein. Ich halte das für unzutreffend.

Denn wenn es auch wahr ist, dass der Teufel sich als ein Engel des Lichtes zeigen und die Seelen mit falschen Offenbarungen täuschen kann, so ist es zweifellos doch eine Glaubenswahrheit, dass der Heilige Geist zu den Seinen spricht und sich ihnen auf verschiedene Weise offenbart, zu ihrem eigenen oder anderer Nutzen. Gott spricht zu seinen Freunden, das ist gewiss. Und er spricht nicht zu ihnen, auf dass niemand davon erfahre, sondern damit seine Worte bekannt werden. Er will ja das Heil aller Menschen, darum schenkt er diese Gnaden nicht einem Einzelnen, sondern gibt sie ihm, damit er sie an viele weitervermittle. Solange man allerdings an der Begnadung der heiligen Mutter Teresa noch zweifeln konnte, solange es noch Menschen gab, die sie verkannten, weil man Gott noch nicht in ihren Werken aufleuchten sah, war es verständlich, dass man diese Dinge nicht veröffentlichen wollte, um niemanden in Gefahr zu bringen. Aber jetzt nach ihrem Tode wurde deutlich, dass Gott in ihr und ihren Werken sich offenbarte. Wir haben ja auch das Wunder der Unverweslichkeit ihres Leibes und weitere Wunder, die sie Tag für Tag wirkt, wodurch ihre Heiligkeit jedem Zweifel entzogen wird. So entdecken wir Gottes Gnade in ihrem Leben, und wenn man nun nicht veröffentlichen wollte, was Gott zum Heile vieler Menschen an ihr tat, so hieße das in gewisser Weise den Heiligen Geist beleidigen, seine Wunder verdunkeln und seine Herrlichkeit verschleiern. Darum kann kein vernünftiger Mensch wollen, dass man diese Offenbarungen nicht bekannt mache. Ich fürchte, manche lehnen die Schriften nicht ab, weil sie eine Gefahr darin sehen, sondern als solche. Sie meinen, Gott könne sich mit niemandem so menschlich einlassen. Dann haben sie aber ihren Glauben nicht durchdacht. Wenn man bekennt, dass Gott Mensch wurde, wie kann man dann die Möglichkeit bezweifeln, dass er zum Menschen spricht? Wenn man bekennt, dass er für uns gegeißelt und gekreuzigt wurde, warum dann Anstoß nehmen, wenn er bei uns Freude und Erholung sucht?

Ist es mehr, einem seiner Knechte zu erscheinen und mit ihm zu sprechen, als sich zum Knecht aller zu machen und für sie den Tod zu erleiden?

Mögen sich doch die Menschen aufraffen, Gott auf dem Wege zu suchen, den er uns zeigte, nämlich durch die Befolgung seiner Gebote in Glaube, Liebe und Hoffnung. Wenn ihnen aber von Offenbarungen berichtet wird, so mögen sie prüfen, ob sie durch die anerkannte Heiligkeit jener verbürgt sind, die sie niederschrieben.

Drum ist die Kenntnis der Schriften der Mutter Teresa uns nützlich und notwendig in ihrer Wahrheit. Auch berichtet sie in ihren Büchern ja nicht einfach kommentarlos die Erfahrungen, die Gott ihr zuteil werden ließ, sondern zeigt, wie sie diese auf ihre Echtheit prüfte. So gibt sie Kennzeichen an zur Unterscheidung und wie wir diese Kriterien benutzen müssen, um innere Offenbarungen anzunehmen oder abzuweisen.

Vor allem zeigen uns diese Schriften, dass die von Gott geschenkten Offenbarungen in der Seele viele Tugenden erzeugen, sowohl zum Wohle dessen, der sie empfängt, wie zum Heil vieler anderer. Des Weiteren belehrt uns die Mutter Teresa, dass wir uns nicht von persönlichen Offenbarungen leiten lassen sollen, sondern unser Leben ausrichten nach der Lehre der Kirche und nach dem, was Gott in der Heiligen Schrift offenbart hat. Die Privatoffenbarungen aber sollen wir uns nicht wünschen, noch meinen, in ihnen bestehe die geistige Vollkommenheit oder sie seien sichere Zeichen der Gnade. Das Heil der Seelen ist einzig in der wachsenden Gottesliebe zu finden, in der Bereitschaft, für ihn zu leiden, in der zunehmenden Abtötung der Selbstsucht und Loslösung von uns und allen Dingen. Die Mutter

gab uns mit ihrem Leben ein Beispiel für das Geschriebene, da sie ihre inneren Erfahrungen und Offenbarungen stets einer genauen Prüfung unterwarf. Auch erweist sich ihre Echtheit an der Wirksamkeit der Reform für den ganzen Orden. So sind die Offenbarungen, von denen sie schreibt, weder zweifelhaft noch öffnen sie falschen die Tür. Stattdessen werfen sie ein Licht auf solche, die uns gefährlich sein könnten und vermitteln uns ein Verständnis, das zugleich Prüfstein für den Wert der Bücher ist. Dieses Werk wird, so weit ich urteilen und hoffen kann, allen Menschen von Nutzen sein, auch Euer Ehrwürden und Ihren Schwestern, die sich so sichtbar an diesen Schriften ausrichten und durch sie leben.
Ich bitte Sie, im Gebet stets meiner zu gedenken.

San Felipe de Madrid, den 15. September 1587.

[Der Brief ist mit leichten Kürzungen wiedergegeben, die teils das zeitgebunden Persönliche betreffen, teils Wiederholungen im Blick auf die folgende Apologie vermeiden.]

Apologie für die heilige Mutter Teresa de Jesús

Die im vorigen Jahr gedruckten und rasch in ganz Spanien verbreiteten Werke der hl. Mutter Teresa de Jesús fanden, wie ich hörte, nicht überall die Aufnahme, die sie verdienen. Mögen nun die Gründe in Unwissenheit oder Rivalitäten zu suchen sein, steht doch fest, dass an der rechten Lehre dieser Bücher nicht zu zweifeln ist. Darum sind es immer wieder nur folgende drei Gründe, die gegen sie angeführt werden: erstens, dass es nicht gut sei, das Gebet der Einung zu lehren, allerdings sagt niemand warum; zweitens, dass in den Büchern Dunkelheiten enthalten seien, die nicht von allen verstanden werden, und drittens, dass die hl. Mutter Teresa von vielen persönlichen Offenbarungen berichtet, die ihr zuteil wurden. Ich werde auf diese Vorwürfe kurz antworten.

Zum Ersten: Damit es beim Sprechen vom Gebet der Einung keine böswilligen Missverständnisse gibt, erkläre ich, was ich darunter verstehe. Das Gebet der Einung ist ein Aufgehen der Seele in Gott, das geschieht, wenn sich jemandem, der mit seinem natürlichen Gedankenablauf betet, Gott mit seinem Licht und seiner Kraft zuwendet und den Gedankenstrom aufhebt. Zugleich entflammt er ihm den Willen in gotteinender Liebe.

Diese Definition vorausgesetzt, gebe ich zu, dass in den Büchern tatsächlich von solcher Einung gesprochen wird, dass man erklärt, was und wie sie sei, welche Wirkungen sie hat, und wie man erkennt, ob sie echt oder falsch ist. Wenn man hierunter die Lehre vom Gebet der Einung versteht, so ist es wahr, dass die Bücher sie lehren. Aber ich frage, was ist an solcher Lehre schädlich oder unpassend? Denn wenn man behaupten will, es gebe diese Art des Gebetes nicht, sagt man etwas außerordentlich Falsches, das sich zudem gegen die Heiligen richtet, die darüber schrieben, und gegen die Wahrheit des christlichen Glaubens. Denn die Heilige Schrift bestätigt, dass es das Gebet der Entrückung oder Ekstase gibt. Dann kann es aber auch zu dem führen, was wir Einung oder »Unio« nennen. Und wenn die Leute die Möglichkeit solcher Unio zugeben, können sie nicht behaupten, sie sei schlecht, da doch Gott sie schenkt. Gibt es sie also und ist sie gut, kann es dann schlecht sein darüber zu schreiben, ihre Eigenschaften aufzuzeigen und die auf diesem Weg Befindlichen vor möglichen Täuschungen zu warnen?

Sagen [die Kritiker] jedoch, ein solches Gebet könne nicht durch Methoden und Techniken erworben werden, so sprechen sie eine große Wahrheit aus. Das ist auch das Erste, worauf die Bücher hinweisen und entsprechend geben sie keine Methode. Sie raten nur allen, die sich dem Gebet geweiht haben, dass, wenn sie zur Stufe der Einung gelangen wollen, sie in großer Gewissensreinheit leben und ihr Herz aus allen irdischen Fesseln lösen müssen, so dass sie immer das Vollkommenste anstreben, wie es den Vorschriften und Räten des Evangeliums entspricht.

Ist der Weg der Unio (mystica) aber gut und vollkommen, so ist es auch richtig und notwendig, dass man Bücher darüber schreibt, in denen das Wesen und die Schritte dieses Weges dargelegt werden. Mit welchem Recht kann man dann ein Buch verurteilen, das Führer auf einem guten Wege ist? Denn wenn man verlangen kann, dass dergleichen nicht geschrieben wird, muss man auch verlangen, dass niemand davon weiß. Und wenn das recht ist, dann darum, weil man keinen Gebrauch davon machen soll. Es wird doch aber niemand ernstlich so töricht und unwissend sein, dass er wagen könnte, dergleichen zu sagen. Wenn also, umgekehrt, die Praxis eines solchen Weges gut ist, so ist es auch notwendig, davon zu wissen. Und darum ist es nützlich, darüber zu schreiben.

Mögen mir doch die Kritiker sagen: Wem wird geschadet mit dem Wissen von dieser Unio? Denen, die damit umgehen? Nein, denn sie brauchen Licht auf dem Weg ihres Bemühens. Dann also denjenigen, die nicht damit umgehen. Wenn sie aber hier [bei Teresa] darüber lesen, können sie doch nur auf zwei Weisen reagieren: entweder bewundern sie, was Gott den Seinen schenkt, oder es wird in ihnen der Wunsch wach, selbst diesem Weg zu folgen und alles loszulassen, um in Gott einen solchen Freund zu gewinnen. Dass beide Reaktionen gut sind, bedarf keines Kommentars.

Man hat den Eindruck, als hätten jene, die in ihrer Ablehnung beharren, niemals andere Bücher gesehen. Wissen sie doch nicht, dass auch andere über den gleichen Gegenstand schrieben. Denn wie ungerecht wäre es sonst, sich über das Werk dieser Kreatur [Teresas] zu empören, wenn doch Gleiches in tausend anderen Schriften steht? Man denke nur an den heiligen Bonaventura, an Richard von St. Victor, an Gerson. Oder in spanischer Sprache an das Dritte geistliche Abecedarium des Francisco de Osuna. Im Vergleich zu dem, was man in allen diesen Büchern sagt, vermittelt die heilige Mutter Teresa nur Andeutungen. So weit zum Ersten.

Zum Zweiten, zur Dunkelheit: Wenn man ihretwegen Bücher verbieten soll, muss man alle verbieten. Selbst Fachgelehrte verstehen manche Stellen nicht. Ich frage: Wie viele Theologen verstehen den ganzen Augustinus? Wer schon versteht den Dionysius Areopagita? Und was ich von diesen sage, sage ich von allen Heiligen, die uns in Teilen ihres Werkes böhmisch [»arabisch«] vorkommen, nicht nur, obwohl wir Latein und Griechisch können, sondern auch, wenn wir Theologie und Scholastik beherrschen. Und einmal abgesehen von fast allen Heiligen, gerade die Doktoren der Scholastik werden von den eigenen Schülern, die sich Tag und Nacht darum bemühen, kaum verstanden. Viele

Abschnitte des Thomas von Aquin verstehen sie nicht, und ebenso wenig verstehen den Duns Scotus die Seinen. Nicht anders geht es mit Alexander, Durando, Heinrich von Gent. Das bisschen Dunkelheit in den Büchern der heiligen Mutter Teresa schadet keinem und ist vielen von Nutzen. Denn es nützt dem, der es versteht. Der es aber nicht versteht, hat davon weder Schaden noch Nutzen. Doch ich drücke mich schlecht aus: auch der es nicht versteht, zieht daraus noch Nutzen, weil ja diese Dunkelheit nicht in den Worten ist, sondern in einigen der behandelten Gegenstände. Darum kann, wer in diesen keine Erfahrung hat, das darüber Geschriebene nicht verstehen. Doch wer auf diese Weise nichts versteht, empfindet meist eine neugierige Bewunderung, die den Wunsch nach eigener Erfahrung weckt, also höchst nützlich ist.

Zum Dritten: Was nun die persönlichen Offenbarungen [Privatoffenbarungen] angeht, so sage ich, wer diese Bücher deshalb verdammt, glaubt entweder nicht an die Möglichkeit von Offenbarungen und stellt sich damit eindeutig in Widerspruch zur Lehre der Kirche, oder er meint, es seien keine echten Offenbarungen gewesen, was ein unhaltbar subjektives Urteil ist. Die Offenbarungen der Mutter Teresa haben alle Kennzeichen der Echtheit: die anerkannte Heiligkeit des persönlichen Lebens, die Wahrheit der kanonisierten Lehre, die großen Wirkungen auf die Tugenden und das reformerische Werk der heiligen Mutter sowie auf alle, die ihrem Beispiel folgen. Und schließlich die Beglaubigung der Bücher durch Geistliche und Gelehrte.

Vielleicht behaupten die Kritiker aber, auch wenn diese Offenbarungen gut und echt seien, dürfe man doch nichts darüber veröffentlichen und schreiben. Wer so spricht, sagt etwas ganz Neues und Unerhörtes in der Geschichte der Kirche. Denn bekanntlich hat man seit ihren Anfängen immer die Offenbarungen aufgeschrieben, die Gott den Menschen zukommen ließ. Viele finden sich in den Büchern der Heiligen Schrift, weitere in der Kirchengeschichte. Zahllos sind sie in den Heiligenleben. Man betrachte doch die Geschichte des Ordens der Franziskaner, Dominikaner, Augustiner und anderer, die mehr Offenbarungen berichten als ihre Schriften Seiten haben. Und nicht nur die der Ordensgründer und Kanonisierten, sondern auch von vielen anderen, die man als Selige benennt und verehrt. Von den Offenbarungen der heiligen Brigitte gibt es ein ganzes dickes Buch, desgleichen von denen der heiligen Gertrude. Das Leben der heiligen Katharina von Siena ist voller Offenbarungen und nie gesehener Wunder. Gestern druckte man in Valencia die Biographie des Fray Luis Beltrán, [dessen Seligsprechungsprozess gerade begann], voll von Offenbarungen und prophetischen Sprüchen. Warum also sollte man verbergen, was gut ist, was von Gottes Wundern kündet und in Liebe und Verehrung für ihn entflammt? Ja, was anspornt zu jeglicher Tugend und Heiligkeit?

Doch weiter: Sie sagen, der Wunsch nach solchen Dingen öffne bei leichtgläubigen Frauen dem Teufel Tor und Tür, so dass er sie mit Einbildungen täusche: Der aus unklaren Quellen gespeiste Wunsch nach Offenbarungen kann wirklich gefährlich sein, nicht aber die Lehre von den echten und wahren Offenbarungen. Die hier zur Diskussion stehenden Bücher bekämpfen insbesondere solche falschen und gefährlichen Wünsche.

Aber, so wird uns entgegnet, die Lektüre ruft solche Wünsche hervor. Gut, dann verbiete man auch die Heilige Schrift, verbrenne die Chroniken der Kirche, zerreiße die »Flos Sanctorum«, die Heiligenleben, die Dialoge des hl. Gregor, die Berichte von allen, die Orden gründeten und mehrten. In welcher Täuschung befand sich doch Kirche, die dieses alles bis jetzt schrieb und gern durch Lektüre verbreitete, da sie doch dem Teufel damit Einlass verschaffte! Damit nun nicht mehr der eine oder andere Freund der Kirche und ihrer Vortrefflichkeit in die Irre gehen kann, verberge man die Herrlichkeit Gottes, wisse man nichts von seinen Wundern, versperre man diesen Weg, der so viele angeregt hat, ihn zu lieben und ihm zu dienen! – Aber gibt es nicht auch viele, die so tun, als seien sie Heilige, motiviert von der Ehre, die man den Heiligen gibt? Also schaffe man die Tugend ab, oder schreibe nicht darüber und rühme keine guten Taten, damit die Heuchler nicht verführt werden, denn diese Beispiele haben mehr Heuchler geschaffen als jemals der Teufel zu Fall brachte durch Lektüre der Offenbarungen Gottes.

Bei diesen Dingen sollte man nicht auf den schlechten Gebrauch sehen, den einige von ihnen machen, sondern auf ihren allgemeinen Nutzen. Und was uns dieses Geschöpf [Teresa] in dieser Hinsicht schenkt, sollte uns, wenn schon nicht die Vernunft, so doch die Erfahrung beweisen, die ein unbestechlicher Zeuge ist. Betrachte man doch die Mönche und Nonnen, die Unbeschuhten Karmeliten und Karmelitinnen, die nach Mutter Teresas Lehre erzogen wurden und sie auswendig kennen: finden sich unter ihnen Närrinnen und Phantasten? Und wer übertrifft sie an religiöser Reinheit, Heiligkeit und Gottesliebe?

Schließlich sagen sie, [die Gegner dieser Bücher], sie glaubten ihnen nicht. Sie glauben nicht – na und? Haben sie deshalb das Recht, andere daran zu hindern? Es ist eine unerträgliche Anmaßung, sich zum Herrn über das Urteil aller aufzuwerfen. Sie glauben nicht. Wenn sie selbst etwas innerlich nicht erfahren können, wollen sie, dass es auch anderen unmöglich sei? Mögen sie doch einmal leben, wie man es in diesen Büchern lehrt, und sie werden sehen, wie glaubwürdig sie sind. Zudem, das möchte ich betonen, haben sie keinen Grund, ihnen nicht zu glauben. Denn hinsichtlich der Offenbarungen berichten sie nichts Ungewöhnliches, sondern das Gleiche, was auch andere Heilige schrieben und was mit der Lehre der Kirche übereinstimmt. Glauben sie nicht, weil sie nicht zugeben wollen, dass die Mutter Teresa heilig ist, so sind doch nicht sie es, die über Heiligkeit befinden. Es kann sehr wohl Heilige geben, die sie nicht kennen. Und auch wenn sie es nicht wollen: die Mutter Teresa war heilig, überaus heilig. Was gab es denn, das gegen ihre Heiligkeit sprach und zeugte? Sehen sie nicht, dass, wenn sie ihr die Heiligkeit absprechen, sie ein sehr gefährliches und unsinniges Urteil fällen zum großen Schaden ihres Gewissens? Denn wenn, was sie sagt, unwahr ist, müssen sie notwendigerweise behaupten, sie sei ein schlechtes und ränkevolles Weib gewesen, das die Welt täuschte, indem es die Heilige spielte.

So sei also als Erstes festgehalten, dass sie keinen Grund haben, den Büchern nicht zu glauben. Zweitens, wenn sie ihnen schon nicht glauben, was kümmert es sie, wenn andere glauben? Was verlieren sie, wenn sie glauben, dass Gott mit seiner Dienerin so verfuhr, wie mit fast allen seinen Freunden? Was schadet es ihnen zu glauben, dass sie eine große Dienerin Gottes war, die einen Orden reformierte und ihr ganzes Leben dafür hingab? Die Gott allein suchte und liebte? Sollte es nicht vielmehr Neid sein oder

Anmaßung oder Überheblichkeit oder Eitelkeit bis in die Knochen oder unheilbare Blindheit oder, was am ehesten zutrifft, alles dieses zusammen! Sie glauben ihnen nicht? Sie sind frei, mögen sie es lassen. Sie sind Herren ihres Urteils, niemand zwingt sie. Sollen sie zweifeln, seien sie überschlau, seien sie ungläubig, so viel immer sie wollen!

Ich aber, der ich diesen Büchern Glauben schenke, oder irgendein anderer, der ein Gleiches tut, wem schaden wir damit? Ist es schlecht, dem Glauben zu schenken, der in allen Dingen gut erschien? Ist es schlecht, den für einen Freund Gottes zu halten, der in seinem Leben und noch nach seinem Tode alle Zeichen solcher Freundschaft zeigte? Ist es schlecht zu glauben, dass zu allen Zeiten und in allen Religionen Gott Wunder tut? Das hieße doch die Augen verschließen und blindwütig sagen: »Weg mit den Offenbarungen! Man glaube und lese nichts von Visionen!« Solche Pauschalurteile, die nichts beweisen können, gehen einem doch nicht in den Kopf.

Von einer besonderen Vision höre ich immer wieder reden, obwohl ich nicht verstehe, wieso man sich darüber aufregt. Die Mutter berichtet, dass ihr mehrmals Fray Pedro de Alcántara erschien, sowohl während seines Lebens wie nach dem Tode. Visionen von Verstorbenen haben viele Heilige und Nichtheilige, und auch Visionen von abwesenden Lebenden. Man kann darüber lesen in den Geschichten des heiligen Bischofs Nikolaus, oder bei Ambrosius oder dem hl. Martin und vielen anderen. Wo liegt hier die Schwierigkeit? Wieso soll das nicht möglich sein, oder was ist daran neu und unerhört? Gott ist es nicht unmöglich, und ebenso wenig ist es neu oder unüblich. Der Abwesende kann auf zwei Arten visionär erschaut werden, entweder in realer Gegenwart oder als Bild. Von beidem haben wir Beispiele in der Heiligen Schrift: das Erste von Habakuk [Dan 14,33-39] sowie vom Apostel Philippus [Apg 8,26-40], den der Engel im Nu von einem Ort zum anderen brachte. Das zweite Beispiel gibt uns Christus, als er den Hananias zu Paulus schickt, um ihn zu taufen und ihm sagt: »Geh zu ihm, er ist jetzt im Gebet und hat eine Vision von dir, wie du bei ihm eintrittst und ihm deine Hände aufs Haupt legst« [Apg 9,12].

Ich halte es für schwierig ohnegleichen, denjenigen zufrieden zu stellen, der nicht zufrieden gestellt sein will und der nicht aus Unwissenheit, sondern voller Absicht halsstarrig auf seiner Meinung beharrt.

So möchte ich abschließend sagen, dass ohne Zweifel alle ein Opfer des Teufels sind, die von diesen Büchern nicht mit der gebührenden Ehrfurcht sprechen. Er möchte verhindern, dass sie Nutzen daraus ziehen und lenkt ihnen deshalb die Zunge. Man kann das ganz klar aus Folgendem erkennen: wären sie vom Geiste Gottes bewegt, würden sie zunächst und vor allem Bücher verurteilen wie die Celestina, die Ritterromane und tausend andere Prosawerke, unmoralisch und voller Eitelkeiten, womit sie sich ständig die Seele vergiften. Weil es aber nicht Gott ist, der sie bewegt, erwähnen sie nicht das Schlechte, das die Christenheit und ihre Sitten verdirbt, sondern kritisieren Bücher, die von dem sprechen, was verinnerlicht, was zum Guten bewegt und mit größter Wirksamkeit zu Gott führt.

[Geschrieben 1589, gedruckt 1615 in Madrid durch P. Tomás de Jesús OCD bei Luis Sánchez].

ANMERKUNGEN

Hinführung

1 Vgl. J. Vicens Vives, Manual de historia económica de España, Barcelona [11]1975.
2 Notas de Gracián in: Antonio de San Joaquín, Año Teresiano T. VII, 1758. S. 149 (zitiert bei Tomás Álvarez a.a.O. 617).
3 Teresa litt lebenslänglich unter den Folgen einer in der ersten Klosterzeit aus einer Brucellosis hervorgegangenen Hirnhautentzündung. Vgl. Senra Varela in Revista de Espiritualidad 41, 1982, 601-12. Varela ist Pathologe.
4 Teresa sagt in diesem Gedicht schon: *eres mi casa y morada*. Meine Übersetzung hat die Strophenform und ihr Reimschema ein wenig der deutschen Sprache angepasst.
5 Die Störung erfolgt nach dem 1. Kapitel der »Vierten Wohnung«. Teresa bemüht sich, in all der Unruhe noch weiterzuschreiben, so dass sie bis ans Ende des 3. Kapitels der »Fünften Wohnung« gelangt. Nach der drei- bis viermonatigen Unterbrechung beginnt sie mit dem 4. Kapitel.
6 Der heutige Titel *Las Moradas del castillo interior* geht auf die ersten Druckausgaben zurück.
7 Vgl. Tomás Álvarez in der von mir benutzten Edition von 1997. Seite 621.

Anruf des Lebens

1 Wörtlich: guter Bücher. Gute Bücher meinen in Teresas Vokabular geistliche Bücher. Das ist wichtig, weil der Vater ein converso war, ein konvertierter Jude, der im damaligen Spanien als zweitklassig und religiös verdächtig eingestuft wurde. Teresa vertuschte diese Herkunft, wie auch ihre ganze Familie ständig bemüht war, den gekauften Adel des jüdischen Vaters und den echten der altchristlichen Mutter herauszustellen. Furcht vor Nachteilen bis hin zur Verfolgung durch die Inquisition.
2 Wörtlich *de romance*, in Volkssprache. Das ist im Gegensatz zum Latein gemeint, in dem die meisten »guten Bücher« verfasst waren.
3 Mit 34 oder 35 Jahren. Zahlen sind nicht Teresas Stärke. Ihre Mutter Beatriz heiratete mit 14 Jahren und hatte 9 oder 10 Geburten. Sie war die zweite Frau des Vaters.
4 Drei dieser Kinder entstammten der ersten Ehe des Vaters.
5 Rodrigo, der zwei Jahre älter war.
6 Die Kinder versuchten die Flucht tatsächlich, wurden aber von einem Onkel gleich hinter dem Stadttor von Ávila wieder eingefangen.
7 Teresa war schon 14 Jahre alt beim Tod der Mutter.
8 Ins karmelitische Kloster, den Convento de Nuestra Señora de la Encarnación.
9 Ritterromane, aus den Epen des Mittelalters entwickelt, waren die »Krimis« in Teresas Epoche. Sie erzählten nicht nur Heldentaten, sondern auch erotische Abenteuer, mit deren realistischer Ausmalung man keineswegs ängstlich war.
10 Teresa spielt mit diesem Satz auf die Tatsache an, dass sie sich in einen ihrer Vettern verliebt hatte und von einer Ehe träumte. Der Vater dagegen hielt nichts von solcher unüblichen Liebesheirat.
11 Teresa war schon sechzehn, also älter als ihre Mutter bei ihrer Verehelichung gewesen war.
12 In der Ethik des spanischen Adels der Epoche war die Ehre das höchste Gut, wichtiger als selbst das Leben. Um sie zu verlie-

ren, genügten schon Verdacht und Gerede, wie die großen Dramen des spanischen Theaters zeigen. Es ist darum unangebracht, Teresas Selbstanschuldigungen extrem zu interpretieren, wie das in der späteren Forschung mehrfach geschah. Aber nicht die »Demut« ließ sie so klagen, sondern der zeitgenössische Ehrbegriff. Ihr Vater hätte sich unter Umständen duellieren müssen.

13 Es handelt sich um ein Augustinerinnenkloster. Indirekt trug es zu Teresas späterem Entschluss bei, Karmelitin zu werden.
14 Die Vettern waren zuvor nur im Plural genannt, aber die Erwähnung der aus der Liebe erwachsenden Heimlichkeiten macht deutlich, dass es sich um eine ganz persönliche Beziehung handelte. Vgl. Anm. 10.
15 Vermutlich handelte es sich um Antonio. Er versuchte es zuerst bei den Dominkanern, die ihn nicht nahmen, dann beim Hieronymusorden, den er aus Gesundheitsgründen verließ. Er ging dann nach Amerika, wo er als Soldat fiel.
16 Ein Jahr später, am 2. November 1536 mit 21 Jahren.
17 Ein Bestseller des Jahrhunderts. Deutsche Ausgabe von Erika Lorenz, *Das ABC des kontemplativen Betens*, Herder, Freiburg 1994 (3. erw. Aufl.).
18 Später in *Relación 1,11* gibt Teresa im gleichen Zusammenhang an: Etwas Schönes, Köstliches – Felder, Wasser, Blumen, Düfte, Musik usw.i D
19 8. Buch, Kapitel 12, *tolle et lege*, »Nimm und lies!«
20 Kapitel 9,9.
21 Für Teresa endet hier das »alte« und beginnt das »neue Leben« im Sinne von Röm 6,11: *So sollt ihr euch als Menschen begreifen, die für die Sünde tot sind, aber für Gott leben in Jesus Christus*. Dieses neue Leben aber äußert sich in Gebetserfahrungen, die wegen des quietistischen Sektenwesens der Zeit die spanische Inquisition auf den Plan rufen könnten, zumal Teresa eine Conversa war. Was denn auch geschah!
22 Im spanischen Original fällt der lange Satz aus der Konstruktion heraus und bleibt unvollendet. Sein Sinn aber ist wie übersetzt.
23 *Mujer ruín* oder *mujercilla* ist in Teresas Zeit der Ausdruck für eine ungebildete Frau. Vgl. Anm. 41.

24 Hier taucht das Wort *desengañar* auf, das für die folgende Epoche des Barock in Spanien Schlüsselwort ist.
25 Es gab damals in Spanien solche Müllhalden außerhalb der Stadtmauern.
26 Die Schwestern folgten Essenseinladungen und anderen ehrbaren Angeboten, durch die die Not gelindert wurde.
27 Teresa erteilte 40 Schwestern Kontemplationsunterricht, wie P. Ibáñez bezeugte.
28 Nonnen und Laien, Frauen hauptsächlich aus Teresas Verwandtenkreis. Die Sprecherin war ihre Kusine Maria de Ocampo, die später als Nonne Maria Bautista das Modell schuf für die *Descalzas Reales* in Madrid und zwar mit königlicher Hilfe, mit einigen Franziskanerinnen und unter Anleitung des hl. Pedro de Alcántara.
29 Doña Guiomar de Ulloa.
30 Der heilige Petrus von Alcántara hatte den Franziskanerorden reformiert.
31 Datiert 7.2.1562. Es muss um den 1. Juli herum eingetroffen sein.
32 Es handelte sich um Juan Blázquez (Velázquez) Dávila und nicht, wie Gracián an den Ms-Rand schrieb, um Francisco de Salcedo.
33 Antonia de Enao, Maria de la Paz, Ursula de Revilla und Maria de Ávila. Sie nahmen Klosternamen an. Doña Teresa de Ahumada y Cepeda nannte sich von nun an *Teresa de Jesús*, im deutschen Sprachbereich Teresa von Ávila genannt.
34 Der später so berühmte Domingo Báñez, Theologieprofessor in Salamanca und Gegner der Jesuiten im Gnadenstreit.
35 Kap. 27,19.
36 Die ursprüngliche Regel des Karmelordens geht auf Albert, den Patriarchen von Jerusalem zurück, der 1214 starb und dessen Regel 1226 durch Papst Honorius III. bestätigt wurde. Papst Innozenz IV. hat 1247 diese Regel teils bestätigt, teils modifiziert. Die entscheidende Milderung geht dann 1432 auf Papst Eugen IV. zurück, und diese Ordensregel ist es, von der sich Teresa als der noch geltenden lösen will.
37 General Juan Alerio präsidierte 1324 das Ordenskapitel in Barcelona. In Kastilien aber war noch kein General gewesen.

38 Der zuständige Karmeliten-Provinzial Angel de Salazar hatte die Gründung verweigert, so wurde das Kloster direkt dem Bischof von Ávila, Álvaro de Mendoza unterstellt. Vgl. Vida 32, 13-15 und 33,16.
39 Rossi, Italiener. General seit 1564, 1566 nach Spanien, Besuch in Andalusien und Portugal, von dort 16.-18. Februar 1567 nach Ávila.
40 Man lebte auch nach der ursprünglichen Regel im Kloster Monte Oliveto bei Genua, das der General vor seiner Spanienreise besucht hatte. Teresa war übrigens dem Buchstaben nach einem Irrtum unterlegen: Ihre Satzungen stützten sich auf die erste der mehrfach gemilderten Regeln von 1247 (Innozenz IV.), nicht auf die ursprüngliche Alberts, des Patriarchen von Jerusalem. Alberts Regel war aber noch für die Eremiten im Karmelgebirge gedacht, während Innozenz sie für die seit 1238 vor den »Sarazenen« nach Europa fliehenden Mönche gab. Vgl. Anm. 36.
41 Spanisch steht hier *mujercilla*. Diese *kleine Frau* hat im Spanien des 16. Jahrhunderts eine ganz spezielle Bedeutung. Erasmus hatte das Wort mit dem lateinischen *mulierculae* in der Bedeutung *ungebildete Frau* eingeführt. Ungebildet wird schon die Frau genannt, die zwar wie Teresa in der Muttersprache zu lesen verstand, aber kein Latein konnte. Als dann das religiöse Klima immer frauenfeindlicher wurde, meinte das Wort eine sich in ihrer Unbildung überschätzende, dem Illusorischen und Sektiererischen zugeneigte Frau. Teresa gebraucht das Wort im erasmistischen und demütigen, häufig auch im ironischen Sinne und mit einer verborgenen Strategie zur Entwaffnung der geistlichen Frauenfeinde, vgl. Alison Weber, Teresa of Avila and the Rhetorik of Feminity, Princeton 1990, 31 u.ö..
42 Diese Klöster stellten die Vorgesetzten der Nonnen.
43 Teresas Gedächtnis irrt sich hier, der Brief kam aus Barcelona.
44 Alonso González und Ángel Salazar.
45 Vermutlich ein »converso«, ein zum Christentum bekehrter Jude. Die conversos, wie Teresa von ihrer eigenen Familie väterlicherseits wusste, hatten es in Spanien schwer und mussten ihre Christlichkeit ständig beweisen. Handel und Bankwe-

sen lagen in ihren Händen. Die Christen, insbesondere der Adel, mieden solche Berufe.
46 Er starb am 31. Oktober 1568.
47 Es fehlte noch die Genehmigung der Obrigkeit.
48 Auch Alonso Álvarez war ein jüdischer converso.
49 Im vorhergehenden Kapitel.
50 Beas de Segura fiel kirchlich in das Gebiet des Ritterordens von Santiago (hl. Jakobus).
51 Es wird deutlich, dass Teresa diese Frömmigkeitsübungen nicht schätzt, den Geist der Catalina aber bewundert.
52 Im Folgenden sind zwei Absätze umgestellt wegen besserer Chronologie.
53 Catalina Godínez verfasste selbst einen Bericht von ihrer wunderbaren Heilung, der Teresas Erzählung zugrunde liegt. Enthalten in *Reforma de los Desc.* T II.I.VII. c XX.
54 Philipp II.
55 Catalina de Jesús, so ihr Klostername, war 33, die Schwester 29. Catalina wurde 1581 Nachfolgerin der berühmten Priorin Ana de Jesús, die nach Granada ging, und wurde wie diese eine der besten Schülerinnen des Johannes vom Kreuz. Sie starb 1586 als Priorin, 11 Jahre nach der von Teresa berichteten Zeit.
56 Die Begegnung mit Teresa fand im April statt, der päpstliche Nuntius Ormaneto, der der Reform und der Reformerin wohlgesinnt war, dehnte die Kommission im August auch auf Kastilien und somit alle »unbeschuhten« Klöster aus.
57 Die Gründung dort war vorläufig gescheitert.
58 Der Ordensgeneral hatte die Erlaubnis nur für Gründungen in Kastilien gegeben.
59 Bei Espeluy.
60 Die Kirche Campo de la Verdad.
61 Es handelte sich um 4 Wagen. Die Radnaben standen zu weit aus den Achsen.
62 Vom 26. Mai 1575 bis Februar 1576!
63 Man sagte damals noch »Las Indias«.
64 In Ecuador, das zu Perú gerechnet wurde.
65 Das neue Kloster wurde wegen der Einkünfte (Spenden) als Konkurrenz empfunden.

66 Mit dem Messelesen war das Kloster eingeweiht.
67 »Claustra« ließe sich, wie der spanische Herausgeber Tomás Álvarez angibt, sowohl als Kreuzgang wie als Vorhalle übersetzen.
68 Es gibt von diesem 3. Juni 1576 noch einen anderen höchst ungewöhnlichen Bericht: Nachdem Teresa vor dem Erzbischof niedergekniet war und seinen Segen erhalten hatte, kniete der hohe Würdenträger seinerseits öffentlich vor Teresa nieder und bat sie um ihren Segen. Der Brief, in dem Teresa davon berichtet, ging verloren, wurde aber wörtlich überliefert (Biblioteca Mística Carmelitana, t 18, p. 469).
69 Damals wütete in Spanien eine epidemische Grippe, die viele Todesopfer forderte.
70 Es soll bei diesen Ausgängen zu Misshandlungen seitens der Bevölkerung gekommen sein.
71 Gracián war wenige Tage vor dem Gründungsakt zurückgekehrt.
72 Die Heilige hat hier ein Wortspiel mit *agravio* für den Erzbischof und *gravamen* [Belastung] für das Haus im Kopf, wenn sie auch das letztere Wort nicht gebraucht.
73 Teresa spricht hier im Präsens. So viel wir heute wissen, schrieb sie den Bericht in Burgos.

Berufung zum Gebet

1 Teresa unterscheidet hier noch nicht inneres Gebet und Gebet der Sammlung. Später meint *inneres Gebet* die Ausrichtung auf Gott, die jedes Beten, auch schon das mündliche, begleiten muss.
2 Kapitel 13;14-15 und Kapitel 15;6.
3 Die hier aus dem 8. Kapitel eingeschobene berühmte Definition des inneren Gebets fällt bei Teresa lakonisch kurz und ungrammatikalisch aus. Sie bedarf einer sorgfältigen Übersetzung. Im Original heißt es: *que no es otra cosa oración mental, a mi parecer, sino tratar de amistad, estando muchas veces tratando a solas con quien sabemos nos ama.* Man vergleiche die zahlreichen – auch karmelitischen – Übersetzungen, die *tratar*

immer nur als reden verstehen. Damit geht das Wesen des inneren Gebets verloren! Das berühmte spanische Lexikon von 1611, der Covarrubias, hebt neben »Handel« bei *tratar* ebenfalls das Mit-jemandem-Befreundetsein – *tener conocimiento con* hervor, wobei *conocimiento* an seinem Ort als Freundschaft und Familiarität erläutert wird.
4 Frau, die kein Latein kann. Vgl. Fußnote *mujercilla* in Fundaciones.
5 Wörtlich: die Umläufe der Säfte.
6 Die Seelenkräfte oder Seelenvermögen sind aus der augustinischen Anthropologie hervorgegangen. In Parallele zur göttlichen Dreifaltigkeit verfügt der innere Mensch über die drei Vermögen Wille, Verstand und Gedächtnis. Alle drei sind weiter gefasst als die heutigen Begriffe. Der Wille äußert sich wertbejahend vor allem als Liebe, der Verstand ist über die schlussfolgernde Denkfähigkeit hinaus zu Sinn- und Werterkennung fähig, das Gedächtnis reproduziert seine Eindrücke und ist somit als Vorstellung, Imagination auch zukunftgerichtet. Es nimmt die von Gott empfangene Seligkeit auf und leitet sie an den Willen weiter. Johannes vom Kreuz vergleicht das Gedächtnis mit einem Abgrund, einem bodenlosen Gefäß.(Vgl. u.a. Llama de amor viva 1,15, deutsch E. Lorenz, Lebendige Flamme der Liebe, Kösel, München 1995).
7 In der Mystik *scintilla animae*. Häufig in Teresas Werk.
8 Kap. 18,2.
9 *En tantito* = *en tantico*, solche Diminutive sind typisch für die spanischen Familien jüdischen Ursprungs, die »conversos«.
10 Wörtlich: im Fegfeuer.
11 Dieser »Wortlärm« bezieht sich nicht auf das gesprochene Wort, sondern auf die gedachte Rede.
12 Teresa nennt es später auch *Verlobung*.
13 Man nennt das in der Mystik das prae-ekstatische Gebet, T. Álvarez a.a.O. 131.
14 Anspielung auf die berühmte Schrift des *Erasmus von Rotterdam, Lob der Torheit*.
15 Teresa selbst, die einige Gedichte schrieb, die zur Weltliteratur gehören. Andere sind Gebrauchsdichtung.

16 Ein echt mystisches Paradoxon, wie es in Teresas Schriften oft vorkommt.
17 Vgl. die vorzügliche Definition dieses Gebets bei *Fray Luis de León* (Apologie) im Nachwort.
18 Teresa sagt hier »unio«, was aber nicht mit dem klassischen Begriff der unio mystica im Sinne der »mystischen Ehe« gleichzusetzen ist. Vgl. Castillo interior VII, 2,3-4. Die »Unio« des Gebets ist noch nicht dauerhaft. Es geht im Grunde um das Aussetzen des Gedankenstroms in kontemplativer Versenkung.
19 Teresa sagt einfach »unión«, wie sie es bei ihren Vorläufern *Osuna und Laredo* las.
20 Über diesen Unterschied vgl. Castillo VII, 1 und VII, 2,9-11.
21 Der Vogel ist ein Seelensymbol.
22 Vgl. *Paulus, Gal 2,20: Nicht ich lebe, Christus lebt in mir.*
23 Das paradoxe Verstehen des Nichtverstehens ist dem mystischen Gegenstand angemessen.
24 Von den lästigen und unruhigen Nachtfaltern des Gedächtnisses war schon in Kap. 17,6 die Rede gewesen. Der Falter ist ein Seelensymbol, das hier für einen Teilbereich verwendet wird.
25 Diese Feuer-Wasser-Paradoxie findet sich mehrfach bei Teresa, vgl. Camino 19,8-15, und wird später von *Johannes vom Kreuz* in der *Llama de amor viva* vgl. (Fn 7) mit großer Kunst ausgebaut.
26 Teresa nimmt das Gartengleichnis wieder auf.
27 Vgl Kap. 19,4-12.
28 Teresa spricht im Plural, weil sich ihr zuvor der verstorbene Pedro de Alcántara gezeigt hatte.
29 Dieser Bericht ging verloren.
30 Es gibt in Teresas Zeit eine hierarchische Visionenlehre, wie sie z.B. bei P. Jerónimo Gracián nachzulesen ist (Vgl. E. Lorenz, *Ein Pfad im Wegelosen*, Freiburg ²1990, 49 f). Teresa berücksichtigt sie in ihren Schilderungen, fügt aber Eigenes hinzu.
31 Kap. 27,2: ein reines Gefühl der göttlichen Gegenwart ohne visuelle Elemente.
32 *Resplandor infuso* – eingegossener Glanz.
33 Teresa unterscheidet immer zwischen dem Gebet der Einung

und der höheren Stufe der Unio mystica. Die Unio mystica hat sie zu dieser Zeit nach ihrem eigenen Zeugnis noch nicht erfahren. In *Vida 20* geht es um die Gebetsarten mit der vierten Art als »Einung«.

34 Später wird Teresa sagen: Je näher man Gott kommt, um so mehr gehen die mystischen Phänomene zurück. Hier ist sie noch stark beeindruckt von der Heftigkeit des Geschehens.

35 Der Originaltext wechselt in die Gegenwartsform.

36 Eine der anwesenden Schwestern berichtete später, dass es während der Predigt des P. Domingo Báñez geschah, der seine Predigt so lange unterbrach. Bei einem der späteren ähnlichen Ereignisse klammerte sich Teresa am Chorgitter fest und bat die Schwestern, sie vor den Blicken zu verdecken, vgl. BMC (Biblioteca Místicos Carmelitanos) Band 19, S. 582.

37 Spätere Berichte Teresas zeigen, dass die Levitationen doch wiederkehrten, vgl. Relación 15 (Salamanca 1571), Relación 35 (Ávila 1572, Kommunion bei San Juan de la Cruz), sowie Brief vom 17.1.1577 an den Bruder Lorenzo kurz vor Niederschrift der *Inneren Burg*.

38 Kap 11,9. Gott macht die Mitteilung nicht, um zu trösten, sondern um zu weiterem Bemühen zu motivieren.

39 Teresa schrieb ursprünglich *presentado*, Pater, der im Begriff ist, Magister zu werden. Später korrigierte sie einfach »Magister«, was im Sinne von Universitätsprofessor gemeint war.

40 In den Druckausgaben steht hier ein Plural *ven* = »sie sehen«, der m.E. keinen Sinn macht. Schon P. Domingo Báñez hatte mit diesem Satz seine Schwierigkeiten. Das Verb *ver* bezieht sich auf den Teufel, nicht auf die Nonnen.

41 *Vida*, die Autobiographie.

42 Hier kurze Auslassung.

43 Teresa bezeichnet grundsätzlich alle Protestanten als Lutheraner, auch wenn es sich um Calvinisten handelt..

44 In Anlehnung an Mt 8,20 spielt die Heilige in einer weiteren Textpassage auf die zerstörten Kirchen mit dem Altarsakrament an.

45 Teresa entnahm diese seltsame Abkunft einer zeitgenössischen Ausgabe der *Flos Sanctorum*, in welcher Sammlung von Heili-

genleben der Name Bartholomäus von Ptolemäus hergeleitet wird.
46 Die Reformerin fällt hier aus der Satzkonstruktion heraus. Sie spricht anfangs in der dritten Person Plural, dann in der dritten Person Singular. Ich habe es beim Plural belassen.
47 D.h. in der inneren Versenkung.
48 Wörtlich por señas, durch Zeichen.
49 Ich habe hier zur Klarheit zwei Sätze aus Absatz 14 in Absatz 4 eingeschoben.

Der Lockruf des Hirten

1 Hier fehlt ein Textstück. Zu lesen ist nur »el mundo honrábales« (die Welt ehrt sie), das allein keinen Sinn macht. Der Text wurde von späteren Korrektoren so heftig durchstrichen, dass nicht mehr alles sicher zu rekonstruieren ist.
2 Wörtlich: es schadet der Tugend.
3 Sie sagt hier *bestialidad*, auch in ihrer Zeit ein starkes Wort. »Bestialität« meint aber im Deutschen anderes. Teresa will sagen: Unterhalb des Menschseins.
4 Teresas Burg ist zugleich eine kostbare Goldschmiedearbeit und eine kriegerische Festung.
5 estar y estar.
6 Wörtlich: Gewürm.
7 Wörtlich *Sklaven*. Die Sklavenhaltung war zu Teresas Zeit noch durchaus üblich.
8 Teresa gebraucht hier wieder das Wort *bestialidad*, vgl. Anm 13. An dieser Stelle wurde der Ausdruck von Gracián korrigiert, er überschrieb *abominación* – Abscheulichkeit, *Gräuel*.
9 Vgl. Joh 5,2-8. Er war schon 38 Jahre gelähmt, doch lag der Mann nicht all die Jahre am Teich Betesda.
10 Teresa selbst, vgl. *Relaciones (Cuentas de conciencia)* Nr. 24.
11 Heute wäre geläufiger: an eine Artischocke.
12 *Vida* 13,15 und *Camino* 39,5.
13 Anspielungen auf Paulus 2 Kor 11,14.

14 Vgl. *Camino* 38,2 und 39. Man kannte damals eine mit Blei belegte Feile, die leise war.
15 *Vida* 13, 8-10, *Camino* die Kapitel 4, 6 und 7.
16 Die vierte Wohnung entspricht dem, was Teresa in ihren früheren Schriften das *Gebet der Ruhe* nannte.
17 D.h. die gottgewirkten Dinge.
18 Anspielung auf das Gleichnis von den Arbeitern im Weinberg, Mat 20,13.
19 Martin Luther gibt der Anfechtung eine ähnlich Bedeutung.
20 Es ging Teresa und ihren spanischen Mitchristen besonders um die Mission auf dem neuen Kontinent Amerika.
21 Die spanische Forschung nimmt an, dass es Johannes vom Kreuz war.
22 Vgl. F. de Osuna, Tercer Abecedario espiritual, Tr. 9,7: vgl. Das ABC der Kontemplation (Hrsg. Lorenz), Freiburg, S. 108 f.
23 Meditation meint das Nachsinnen in Gedanken und Worten, das in der Kontemplation weitgehend aufgegeben wird zugunsten eines Schweigens auch innerer Worte.
24 Francisco de Osuna, Tercer Abecedario, vgl. Anm. 22.
25 Fundaciones cap. 6.
26 Das typisch teresianische Wortspiel *arrobamiento-abobamiento* hieße nüchtern übersetzt: Ekstase-*Verdummung*. Auch der Einsatz von *Verzückung* für Ekstase würde heute nicht mehr verstanden werden.
27 Teresa selbst.
28 Teresa spricht wirklich aus Erfahrung. Sie datiert ihren Eintritt in die Unio mystica mit 1572, also fünf Jahre vor Abfassung des *Castillo interior*. Sie leugnet hier die Erfahrung aus Bescheidenheit und Klugheit, um die Distanz zwischen Lehrender und Lernenden nicht zu groß werden zu lassen.
29 Die letzten Sätze stehen im Original im Präsens, was aber das Verständnis im Zusammenhang mit dem Vorausgegangenen erschwert.
30 Die bildlosen »Schauungen« waren nach der damaligen Visionenlehre die wahren und einzig sicheren.
31 Joh 14,23.
32 Der *visión intelectual*.

33 Vgl. VI M 9; 16-17. [M wird gesetzt, wenn es sich um die Wohnung handelt, nicht um den Werktitel].
34 V M 3; 11.
35 VII M 3.
36 Vgl. Mat 10, 38-39.
37 III M 2; 13.

QUELLEN

Die Texte wurden übersetzt aus: Santa Teresa, Obras completas, octava edición preparada por Tomás Álvarez. Editorial Monte Carmelo, Burgos 1997, 1418 páginas.

Anruf des Lebens

Vida – Autobiographie, aus den Kapiteln 1-4, 8-10, 32-33 und 36.
Las Fundaciones – Klostergründungen, aus den Kapiteln 2, 15, 22, 24-25, 29, 31.

Berufung zum Gebet

Vida – Autobiographie, aus den Kapiteln 11, 14-19, 22, 28, 20.
Camino de perfección – Weg der Vollkommenheit Ms Valladolid, aus den Kapiteln 1, 27-29.
Las Fundaciones – Klostergründungen, Kapitel 5.

Der Lockruf des Hirten

Vida – Autobiographie, aus Kapitel 40;
Camino de perfección – Weg der Vollkommenheit Ms Escorial, aus Kapitel 4; Ms Valladolid, aus den Kapiteln 20-21;
Relaciones – Erfahrungsberichte Nr. 19.
(Las Moradas del) Castillo interior – Die innere Burg – Wohnung I aus den Kapiteln 1-2, IV aus den Kapiteln 1-3, VII aus den Kapiteln 1 und 4.

Abkürzungen in den Texten:

CE	Camino de perfección Ms Escorial
CV	Camino de perfección Ms Valladolid
F	Libro de las Fundaciones
M	Moradas del Castillo interior (= heute üblicher Titel)
R	Relaciones
V	Vida

Gedankenstrich nach Punkt in den Übersetzungen zeigt die Auslassung an.

Kurzgefasste Lebensweisheiten

Johannes vom Kreuz
WEISHEIT UND WEISUNG
Die Aphorismen und
andere Kurzprosa
Neu übersetzt und aus
heutiger Sicht erläutert
von Erika Lorenz
200 S. Abb. Geb.
ISBN 3-466-20420-8

Die hier gesammelten Aphorismen, Richtlinien, Ratschläge und Weisungen des Altmeisters der spanischen Mystik belegen seine aus der Tiefe der Mystik stammende Weisheit und seine ungewöhnliche Aktualität für den heutigen Leser.

Kösel-Verlag München, online: www.koesel.de